はじめに――大学教育のManagingに向かって

「日本の社会と個人の未来は教育にある。教育の在り方を創造することは、教育による未来の個人の幸せ、社会の未来の豊かさの創造につながる」

これは、教育未来創造会議（議長　岸田文雄・内閣総理大臣）の第1次提言「我が国の未来をけん引する大学等と社会の在り方について」（2021年5月10日）で掲げられた基本理念の最初の部分です。そして、その未来を支える人材像として、次のように記されています。

「好きなことを追究して高い専門性や技術力を身に付け、自分自身で課題を設定して、考えを深く掘り下げられる人材、多様な人とコミュニケーションをとりながら、新たな価値やビジョンを創造し、社会課題の解決を図っていく人材」

この基本理念や描かれた人材像に対して疑義を持つ人はあまりいないでしょう。

一方で、これまでの大学教育は、そのような理念や人材像を持ち合わせていなかったのでしょうか。むしろ、先の人材像には、いつの時代でも同じことを言われてきたような既視感が漂っていますし、「今さら感」を抱くという方もいると思います。

それなのに、なぜ今、ことさらにこうしたメッセージが出されるのでしょうか。

その背景には、我が国の国際競争力の低下や生産年齢人口の減少などで、これまでのような先進国としての立場を維持できなくなるという焦燥や、科学技術立国としての国際的地位が低下する不安があることは言うまでもありません。国としてまさに切羽詰まった状況認識が持たれており、その打開に向けて、これまで以上に大学教育のあり方が問われているのです。

しかし、大学が過去においても現在においても同じような「未来を支える人材像」や教育目標を掲げてきたのだとすれば、一番の問題は、それらがいつまでたっても達成できていないことにある、という話になります。

でも、ちょっと待ってください。果たして、大学教育は本当にそうした目標や人材の育成を達成できていなかったのでしょうか。「達成できていない」という認識に至る評価の視点は、妥当なものだったのでしょうか。

本書では、この問いについて、特に「教育の質保証」という概念に注目しながら考えていきます。

「教育の質保証」という言葉を、最近ますます耳にするようになりました。政策の観点からいえば、「未来を支える人材像」を確実に大学が育成できるようになるためには、まず、各大学の教育の質がきちんと確保されなければならない、ということになります。ですから、前述したような切迫感のある社会認識からすれば、国や大学としてその教育の質をどう保証していくのか、ということが重要視されるのは必然のことと思います。

私自身は、「教育の質保証」という言葉をはじめて聞いたときに違和感を持ちました。質保証という言葉に、学生たちを商品のように扱って、その品質管理を求めるような響きがあるからです。この本を手に取ってくださった方の中にも、同じような違和感を抱いていた方がいるかもしれません。

しかし、考えてみれば、大学として学生たちの学修に責任を持ち、そのために教育の質を組織的に保証しようというのは、至極当たり前なことです。すると考えなくてはならないのは、この至極当たり前のことを私たちはできているのか、どのようにやろうとしているのか、という自問になります。あるいは、別の見方をすると、教育の質を私たちはどう評価し、その評価をもとにどのような改善をしているのか、ということです。

本論に入る前に、要点の一つを紹介しておきましょう。

本書では、機関別認証評価制度という大学教育の評価のシステムにおける、教育評価の観点の変化に着目しました（第1章3節）。これは、大学が高等教育機関としての要件をきちんと満たしているか、ということを第三者が評価する制度です。２００４年に始まり、その後、7年以内に1回のサイクルで実施されています。本書執筆時点（２０２３年）では3巡目の評価が行われているところです。

この制度において、大学の教育を評価する観点は、次のように変化していきました。すなわち、1巡目は「Teachingを見て、2巡目はLearningを見て、3巡目はManagingを見るという変化です。「何を教えたのか＝「Teaching」から「学生が何を学んだか＝Learning」へシフトし、さらに次のステップでは、「学生の学修状況をきちんとチェックしているか＝Managing」へと観点が移ったのです。

このManagingこそが今求められていることであり、「至極当たり前」な教育の質保証の要諦といえます。そしてこの考え方は、大学教育を協議する中央教育審議会の大学分科会が発出した「教学マネジメント指針」（２０２０年1月22日）の根幹の一つにもなっています。

Managingは本来、組織とその運営に関わるものです。大学という組織における目標と、現場における一人ひとりの教員の普段の教育、学生の日々の学修が、どのようにつながっているか、という視点に立っています。

では、普段、大学の教育目標や育成する人材像を念頭において授業を行っている教員はどのくらいいるでしょうか。もし、それらを意識して教育にあたっていれば、学生の学修成果の状況や教育目標にある身に付ける能力の達成度が、とても気になるはずです。逆の見方をすれば、「授業の内容や仕方は教育目標によって決まる」ともいえます。では、そのように、教員たちが主体的に、そして組織的に動きだすにはどうしたらいいのでしょうか。これも本書が論じていることです。

本書は大きく二つの章に分かれています。

第1章は、日本の大学評価や質保証の歴史をたどりながら、茨城大学がそれに逐次対応し、模索する中で「現場が動きだす大学教育のマネジメント」が出来上がっていく軌跡を、関係者の証言などからたどっていきます。

まずは日本の大学評価の歴史をふり返ることから始めて（第1章1節）、次に、大学の教育目標をつくる意義（第1章2節）と、教育のManagingと密接に関係する「内部質保証」のプロセスを、大学運営との関係でまとめました（第1章3節）。

その次に、私たちの教育の質保証の現場を紹介します（第1章4節）。実は、私たちの教育の質保証の仕組みは、高等教育の関係者からは必ずしも本流としては期待されていませんでした。それは、トップダウンでなく、ボトムアップを強く志向した仕組みだったからだと思います。先取りして紹介すると、私たちのManagingは、教学データをトップダウン的に活用（強い活用）するのではなく、現場の主体的な動きを導くように、ボトムアップ的に活用するものでした（弱い活用）。そして、当初予期しなかったことに、その弱いデータの活用により、コロナ禍でも教育成果を落とすことなく維持することができたのです（第1章5節）。

一つの大学で教育マネジメントの形が徐々にできていく、その歴史を追ったリアルなドキュメントは、現場で教育に携わっている方々には、共感を持って受け止めていただけるのではないかと思っています。

第2章は実践編です。教育現場での「困りごと」を問うことから始めて、組織的・継続的な教育マネジメントを実現する、その具体的な方法や考え方について、茨城大学での経験をもとに、体系だったノウハウとして紹介していきます。

どちらの章から読んでいただいてもかまいません。第1章では、茨城大学が「何もしない大学」と言われていたというエピソードも登場します。「何もしない大学」の教育現場がどのようにして動きだしたのかを、見届けるようにページをめくっていただくのも良いと思います。

あるいは、今まさに実務に取り組んでいるという方であれば、まずは教育マネジメントや内部質保証の実践的なテキストとして第2章を読んでいただくことで、それぞれの現場の状況を考える参考になればと思います。

本書が、大学だけでなく広く教育関係者にとって、少しでも教育のあり方を考える材料になれば幸いです。

ではさっそく、茨城大学の「教育の質保証」システム構築の物語をはじめていきましょう。

茨城大学 学長 太田寛行

目次

第2章 【実践編】内部質保証システムはこうつくる

―組織的・継続的な教育マネジメントへの提言―

第1章

茨城大学「教育の質保証」システム構築の物語

1 大学の教育は誰のもの？
―大学評価の歴史と茨城大学型マネジメントの萌芽―

教育の質とは――見方一つで大きく変わる大学教育の評価

大学の教育の質とは何なのか。
日本における大学評価の歴史は、
この問いの答えを探る実践の歴史でもある。

日本の大学の古き良き牧歌的風土

広い教室に、すし詰めになった学生たち。ほぼ毎日、大学通いはするけれど、授業の目標や計画なんてほとんど気にしていなかった。学部・学科が提示する科目を履修し、大学の4年間を可もなく不可もなく過ごしたとしても、それで何とか卒業できた。

ゼミはときには深夜にまでおよび、研究室の明かりはほぼ消えることがなかった。教授は思いに任せて研究をし、ゼミの運営も自由気まま。コンパや合宿、楽しい思い出もたくさんあるけれど、他のゼミのことはよく知らない。

こうした牧歌的な大学の雰囲気を懐かしいと感じる方もいれば、「ユルすぎる」と感じる方もいると思います。現役の大学生の中には、「うちの大学がまさにそう!」と感じている人も、もしかしたらいるかもしれません。

かつて日本の大学の研究室には——理工系のラボは特にですが——伝統職人の師匠と弟子の関係にも似た徒弟制の雰囲気がありました。江戸時代の長屋の大家と店子(借主)、落語などに出てくる「大家といえば親も同然、店子といえば子も同然」という表現を借りれば、まさに「教授といえば親も同然、学生といえば子も同然」といえるような状況があったのです。

家族のようなこの強いメンバーシップに支えられて、学生たちは教授の手や背中を見ながら、専門的な技術や知見を成長させました。

いや、それだけにとどまりません。例えば大学のゼミなどは学生にとっては共同生活のようなもの。コンパも含む日々の中で、社会人としての礼儀作法のようなことまでも教えられる場であり、人格の成長をも担っていた面があります。さらに学生たちは、教員から就職先を紹介されたり、研究者の道へ進む場合は自大学を含む大学教員のポストへの推薦を得たりもしました。その徒弟関係は生涯にわたって続き、それに連動して学会や大学組織におけるネットワークも強くなっていく……ということがありました。

それゆえ大学の卒業生は、大学への帰属意識はあまり強くなくとも、ゼミや研究室への帰属意識はとても強い、ということもよく見られます。

大学のこのような「研究室」文化が日本の教育において果たしてきた役割は、軽視すべきではないでしょう。

かつては、大学に寝泊まりして、卒業研究に取り組む光景がよく見られたものですが、そうしたある種牧歌的な（でも学生にとってはいささかブラックな？）雰囲気の中で、学生たちは教員や仲間と日夜活動し、さまざまな人との出会いや幅広い経験を通して、人間として成長していきました。それは、メンバーシップ型の雇用を特徴としてきた日本の企業で活躍するのに必要なスキル、特性の獲得にもつながっていたと思います。

しかし、研究室で出会った師弟、仲間との強いメンバーシップによる成長のシステムには、大きく二つの問題があると考えます。

一つは、そのような強いメンバーシップ型の組織になじめない学生もいるということです。その場合、ともすればその学生は、大学教育や学生生活に対して、積極的な意義を見出せなくなる可能性があります。

二つ目は、その成長のシステムが良くも悪くも、研究室を運営する教員個人の力量、裁量に大きく依存する仕組みだということです。

今でこそ大学教員の教育能力向上や資質開発を目的としたＦＤ（Faculty Development）が浸透してきましたが、それまでは大学教員といっても、多くは教育者として専門的なトレーニングを受けているわけではなくて、いろいろなタイプの人がいます。学生たちと楽しく良好な関係を結べるタイプの教員もいれば、うまくコミュニケーションができない教員もいます。一方、学生によっては、寡黙な後者のようなタイプの教員のほうが付き合いやすく、相性もマッチしてより成長できるという場合もあります。

ただ、学生が自身の志に見合い、相性の良い研究室を自在に選べるかというと、現状では必ずしもそうなってはいません。定員の事情などで、希望する研究室に所属できないという問題もあるのです。

こうした中で、このあと詳しく説明するように、大学の教育の「質」が社会的に問われ、第三者による評価・測定を求められるようになってきました。そうなると、教員の個人的な資質、個性にその質が大きく影響されるような教育システムのままでは立ちゆかなくなってしまいます。教員の個人的な資質を超えた、大学としての一定した教育水準を求める視点が現れてくるのです。

徒弟制度のようなゼミを通じた全人格的な成長という良さと、一方で大学として求められる高等教育の質の保証。これらを両立させながら、さらにその質を高めていくにはどうすれば良いのか。大学は今、そのような課題にチャレンジしているのです。

何をもって大学の教育を評価すればよいか

そもそも大学教育の「質」とは何なのでしょう。日本にあまたある大学。その個々の教育の質を測るとしたら、あなたは次のどれに着目しますか。複数を選択していただいてもけっこうです。

☑ 偏差値の高さ
☑ 成績優秀な学生の数
☑ 教員1人当たりの学生数
☑ 各種資格試験の合格者数
☑ 新卒者の就職率と就職先の企業や職種

他にもさまざまな評価軸があるとは思いますが、いかがでしょう。

この設問の答え、実はどれを選んでも「×」はつきません。ただし、正答として全ての選択肢に「○」をつけられるかというと微妙なところがあります。「教育の質を評価する」とはどういうことなのか。そこから話を進めていきましょう。

教育の評価といっても、大学関係者でない人にとっては専門的な話題と思われるかもしれません。しかし本書の趣旨においては実に大事な問題です。また、特にこの約20年間の大学教育と評価をめぐる動きをたどっていくことにより、大学にとどまらず、日本の（あるいは世界の）教育政策が直面している構造的な課題も見えてきます。

教育の評価というと、「1・2・3・4・5」とか「A・B・C」といった評定が書かれた成績表、通信簿を思い浮かべるかもしれません。しかし、ここでいう大学教育の評価とは、大学が提供している教育課程がきちんと組み立てられているか、教育システムが有効に機能しうるものになっているかを評価する仕組みのことです。

誰が何のためにそんな評価をするのでしょう。実はその問いこそが、大学教育と評価をめぐる複雑な歴史の核心に当たるといえます。

ちょっとイメージしてみましょう。

頭の中で日本の大学を一つ、「〇〇大学」という具体的な名称を挙げて思い浮かべてみてください。あなたや家族、友人が通っていた、あるいは卒業した大学でもかまいませんし、とりあえず名前を知っているという大学でもけっこうです。

さて、その大学について「教育の質は?」と聞かれたら、あなたは何を思うでしょう。仮に思い浮んだ大学名が「東京大学」ならば、その名称のみで「教育の質が高い」と決めつけていいものでしょうか。

自分が卒業した大学を挙げた方は、ご自身の大学時代をふり返ってみてください。教育の質は高かったですか? 低かったですか? それはどうして……?

例えば、成績表で「A」や「優」をとる学生がたくさんいる大学は、多くの学生が単位を落とす大学と比べて、教育の質が高いといえるでしょうか。

前者のような大学は、実のところ成績のつけ方がいい加減なだけなのかもしれません。

では、これに反して、厳格な成績評価をしている大学を「教育の質が高い」とするのは適切でしょうか。あるいは少し別な見方をすると、A大学の「幾何学」の授業2単位と、B大学の「幾何学」の2単位は同質で同価値だと思いますか。

学生と教員の数に着目するのはいかがでしょう。何百人という学生を収容する大きな講義室で一斉に受ける授業が多い大学と、少人数でじっくり議論や演習をしながら学ぶ授業の多い大学とでは、後者の方が教育の質が高い感じがしますね。実際に、教員一人当たりの学生数は、巷にあふれる大学ランキングでもよく出てくる指標です。

大学の「出口」に注目する見方もあります。

医学部であれば医師を、教育学部であれば教師をたくさん輩出しているなら、それは教育の質の高さを表す一つの指標といえるかもしれません。しかし、医師や教師となったそれらの卒業生たちに「卒業した大学の教育に満足しているか」と尋ねてみて、「満足している」と答えた人の割合が思いのほか低かったらどうでしょう。教育の結果に価値を置くか、それともプロセスを重視するかによっても、教育の質の見え方は変わってきます。

教育の評価という点では、就職だけではなく、特定の技術の習得を保証する「資格」の付与に注目する方法もあります。

例えば茨城大学工学部に通えば、建築士や安全管理者、電気主任技術者などの資格の取得につながります。これは、その大学や学部における指定の授業科目が、その資格の付与の条件に値する証しとなっているという点で、教育の質を保証しているといえるかもしれません。しかしながら、こうしたスキルの抽出と資格付与ということを、文学や哲学のような人文系の学問に当てはめることは難しいでしょう。

こうして考えるだけでも、教育の「質」の評価というものが簡単ではないと分かります。「日本の大学はきちんと教育をしているのか」という批判に、証拠を持って応じるのはとても難しいことで、ある指標を持ち出した途端に、別の指標の問題が頭をもたげてくるのです。

大学の教育を評価したいのは誰か

では、大学の教育の「質」を知りたい、測りたいというのは、そもそも誰なのでしょうか。

あなたが受験生だとすれば、合格できる可能性が同じぐらいのA大学とB大学のどちらへ進学するかを選ぶ際、学費や地理的な条件などと合わせて、教育の質が比較可能であれば、きっと質の高い方に魅力を感じることでしょう。

あなたが企業の採用担当だとすれば、入社試験を受けた同程度に優秀なA大学の学生と

B大学の学生のどちらを採用するかというとき、それぞれの大学の教育の質の情報が、一つの重要な判断材料になるのではないでしょうか。

あなたが財務省の役人で、国の財政赤字を増やさないために、大学に関わる予算を抑えたいと考えているなら、教育の質に問題ありと評価されたまま、なかなか改善されないような大学には、今後大きな予算を割くことを躊躇するでしょう。

あるいはあなたが、グローバル社会における競争に、日本が取り残されることを憂慮するならば、次世代の社会を担う大学生のことが気になりませんか。もし、日本の大学生がロクに勉強していないと見るなら、日本の大学が本腰を入れて学生を教育するように発破をかけるべく、大学の教育の実施度や到達度を客観的にチェックし、不備があれば修正を求め、競争させようと考えるかもしれません。

このように考えると、大学の教育の「質」とは何かという質問には、「それを評価したいと考えている人の思惑によって千差万別である」と答えるのが最も妥当なのかもしれません。え、それでは何だかはぐらかされているようですって？……そうですよね。

しかし、教育の「質」の唯一の定義というものは存在しないのです。それを知る、評価する活動の背景には、必ず誰かの、何かしらの目的があるのです。ですから、その定義や評価が「難しい」のは当然です。そして、教育の「質」は、評価者の目的に依存するというこの事実は、本書にとってとても重要なことです。

では、具体的に、日本では大学教育の「質」をどのように評価しようとしてきたのでしょうか。その歴史を少しひもといてみましょう。

「自己点検・評価」に始まる大学の評価制度

日本における大学教育と、その評価をめぐる動きは、「教育の質を比較可能なかたちで測らなければ」という社会の要求と、教育の質を評価することの根本的な難しさとの間の、葛藤の歴史と表現してよいでしょう。その葛藤は1990年代に入って始まります（以下、大学の評価をめぐる事実の系譜については、林隆之「大学評価の20年」『高等教育研究』第23集（2020）を一部参照しています。**図1**も参照）。

そもそも大学や学部は、誰でも簡単に設置できるわけではありません。日本の大学として卒業生・修了生に学位を与えるためには、文部科学省（かつては文部省）から大学（大学院）設置基準に基づく設置認可を受けなければなりません。ですからこの時点で、「この大学（学部）は国として設置して問題ないか」という、一定の「評価」が機能しているといえます。

そうした中で、高度経済成長期以降、大学に進学する人たちがどんどん増えていき、「大学の大衆化」が進みました。1980年代に入ると、国の教育政策をめぐり、中曽根康弘政権が総理府に設置した臨時教育審議会（臨教審）が、多様化と個性重視という方向を打ち出します。それまで画一的な性格の強かった大学設置基準が見直され、多様なコンセプトの大学や学部の設置を促すような規制緩和が進められました。1991年、いわゆる大学設置基準の「大綱化」です。これを受けて、それまで聞いたことがなかったようなユニークな名前の学部が全国で次々と誕生していきました。大学の評価制度は、いわばこの規制緩和の産物でもあります。大学の設置時点での評価がゆるくなったのですから、一方では設置後の状況をきちんと点検する必要が出てきます。

そこで、大学ごとに活動状況を自分で点検して報告する、自己点検・評価の仕組みが、大学設置基準の大綱化に合わせて導入されました。

ところがその後、この「自己点検・評価」に疑いの目が向けられるようになります。大学自身による自己点検・評価が形骸化しているのではないか、という指摘が、中央教育審議会（中教審）の大学審議会で示されたのです。その後、1998年に、（自己評価ではなく）外部の第三者による大学評価の導入が提言されました。

図１：大学評価に関する動きと茨城大学の取り組み

			大学評価に関する動き	茨城大学の取り組み
1991 年			■自己点検・評価の導入	点検・評価委員会を設置
1998 年			■文部省大学審議会（当時）が第三者評価の導入を提言	
1999 年			■日本技術者教育認定機構（JABEE）設立 ■〔EU〕ボローニャ宣言	理念・目的・目指す大学像を制定
2000 年			■大学評価・学位授与機構が改組設置 ■試行的評価の実施（~ 2003 年）	試行評価対応
2001 年				
2002 年			■中央教育審議会（中教審）が大学の質保証のシステム構築を提言	
2003 年				
2004 年	認証評価・第1巡	第1期中期目標期間	■機関別認証評価の開始 ■国立大学の法人化	国立大学法人茨城大学スタート
2005 年			■中教審「我が国の高等教育の将来像」	評価室設置
2008 年			■国立大学法人第1期中期目標期間の暫定評価実施 ■薬学教育評価機構設立	
2009 年				大学憲章を制定
2010 年		第2期	■国立大学法人第1期中期目標期間の確定評価実施	
2011 年	認証評価・第2巡			
2012 年			■中教審「新たな未来を築くための大学教育の質的転換に向けて」 ■国立大学のミッション再定義	
2014 年				大学戦略・IR 室設置
2015 年			■日本医学教育評価機構設立 ■2016 年度以降の国立大学の概算要求における3つの重点支援の枠組み（3 類型による KPI 評価）	全学ディプロマ・ポリシー（DP）を策定
2016 年		第3期	■中教審「認証評価の充実に向けて」（審議まとめ） ■国立大学法人第2期中期目標期間の評価実施 ■中教審3つのポリシーのガイドライン	全学教育機構総合教育企画部門設置、大学教育再生加速プログラム(AP) 採択
2017 年			■指定国立大学の指定	
2018 年	認証評価・第3巡		■中教審「2040 年に向けた高等教育のグランドデザイン」 ■2019 年以降の運営費交付金の共有指標による一部配分	教学システム・IR 室設置（2019）
2020 年			■中教審教学マネジメント指針公表	
2021 年				教育の内部質保証マニュアル制定
2022 年		第4期	■国立大学法人第3期中期目標期間の評価実施	

※林（2020）を一部改変したうえで 2021 年以降の情報と茨城大学の取り組みを追記。

ボローニャ・プロセスにおける第三者機関の保証

さて、同時期の海外に目を転じてみましょう。1999年、EU各国から高等教育政策を担当する大臣がイタリアのボローニャに集まり、「ボローニャ宣言」というものを採択しました。その後、この宣言をきっかけに進められたEU内での教育施策は、「ボローニャ・プロセス」として知られます。

この宣言では、EU圏内であれば国境を越えて自由に大学を選べたり、大学間で履修単位の交換ができたりという将来像が前提となっています。そのため、それまで国や地域によってバラつきのあった学位認定の水準を、EU内でそろえることが目指されました。これを受けて、学位や同じ科目の単位の重み、教育の質をそろえるべく、各大学の状況を評価したり、その水準を第三者機関が「保証」する仕組みが整備されていきます。

こうした国際的な潮流の中で、大学の教育の質の比較可能な評価や、第三者による信頼できる質の保証といったことが、高等教育政策において重要度を増していくようになったのです。

日本では前述の中教審の大学審議会答申を受けて、大学評価・学位授与機構が設けられ、国公立大学を対象とした「試行的評価」が2000年に始まりました。そしてその4年後には、機関（大学）別の「認証評価」というかたちで、第三者による大学評価が本格的に制度化されました。これは、各大学を対象に7年以内に一度のサイクルで定期的に実施される第三者評価の仕組みです。

大学設置基準が緩和された一方で、第三者による「認証評価」が行われるということは、大学評価基準を満たさない大学の存在があらわになるということです。では、そういう大学はどうなるのでしょうか。例えば学生募集を停止させられるなど、何かしらのペナルティが科されるのでしょうか。

当然そうだろう、と思われるかもしれませんが、実はこの時点では認証評価の結果が大学運営にどう影響するのかが、いまひとつ明確になっていませんでした。制度は導入されたものの、その目的や運用スキームは曖昧なものだったのです。

一方に曖昧さを残した学外者からの評価制度があり、他方に、それに懸命に適応する大学がある。その磁場の中で、大学運営に関するさまざまな仕組みや評価をめぐる文化は徐々に出来上がっていったという経緯があります。そのことについてはまた追って言及することにして、大学評価の歴史についての説明を続けます。

国立大学の法人化がもたらしたものとは

機関別認証評価制度が始まった2004年、日本の大学史における、もう一つ重大なトピックがありました。

時の総理大臣は「民間にできることは民間で」と訴え、郵政民営化などの政策を推し進めた小泉純一郎氏。国立大学も「民営化」の対象となり、「国立大学法人」という新しい法人が誕生しました。国立大学の運営主体は国ではなくそれぞれの独立した国立大学法人となり、それまで公務員だった大学の教職員は国立大学法人の教職員となり、その結果、約13万人の国家公務員が削減されたことになりました。

国立大学の民営化に当たっては、硬直化しがちな国の規制を外すことで、それぞれの大学が競争し合って特色を発揮し、活性化することが期待されたのだと思われます。

この法人化に当たって「国立大学法人評価」という制度が導入されました。法人化された大学が責任をもってちゃんと目標を達成しているか、ということをチェックする仕組みです。

当初、制度のうえでは文部科学省が各国立大学の目標を提示し、各大学はそれを受けて計画を立てるという建付けになっていましたが、実際には目標の原案は大学自身が作成していました。それが、第4期中期目標期間（2022年度～2027年度）からは文字どおり文部科学省から目標が提示されるようになりました。このように、中期目標期間ごとに変化は見られますが、少なくとも第3期までは、それぞれの中期目標期間の各年度、4年目終了時、6年目終了時に、文部科学省の審議会である「国立大学法人評価委員会」において、大学からの自己点検評価結果を踏まえた評価が行われ、各大学へその結果が示されています。

少なくとも制度上は、国の直接的な管理から離れた独自の「法人」となった以上、各国立大学は国の意向を忖度することなく、自らのビジョンを自分たちの手でつくり、本当に大切だと思う研究・教育に邁進できる……そんな時代の到来が期待されるように思われました。ところが、現実はそうなりませんでした。

それまで「国営」だった国立大学は、何か困ったことがあったときは文部科学省（文部省）にお伺いを立てれば良く、いわば「おんぶに抱っこ」状態だったのですが、法人化によっていきなり「自分の頭で考えろ」となったのです。「国営」に馴れきっていた国立大学の多くは、解放された喜びを謳歌するようなことはなく、むしろ「いったい何から手をつけていいのか分からない」という状態に陥りました。

しかしながら、「どうしたらよいのか分からない」というのは、実は国や文部科学省も同様だったといえるかもしれません。先ほどの機関別認証評価と同様、この法人評価制度にあたっても、その結果をどのように活かしていくべきなのか、そもそも何のための評価なのかということは、実はぼんやりしていました。とりあえず「法人化」したものの、国も国立大学も完全に手探り状態でスタートすることになったのです。

例えば、国から国立大学の運営資金として措置される「運営費交付金」の金額が、この評価結果の良し悪しによって増減するのかどうか、といったこともはっきりしていませんでした。

ちなみに、国立大学法人法案への国会付帯決議では「中期目標の業績評価と資源配分を結びつけることについては、大学の自主性・自立性を尊重する観点に立って慎重な運用に努めること」（衆議院）という項目が明記されてはいました。

そのような状況でしたから国立大学としても、どのくらいのレベルの目標・計画を立て、どのくらいマジメに自己評価を行うべきものか、さらにはそれが大学の予算に影響するかどうかも、皆目つかめなかったのです。

ただ、先に触れた機関別認証評価の曖昧さも含めて、文部科学省にせよ大学にせよ、もしかしたら教育における質の評価が現実的に困難であると十分に認知していたのかもしれません。であれば、評価によって優劣はつけられず、評価に応じて予算が増減される仕組みは、厳密に組み立てようもありません。評価制度が必要だというのでつくりはしたものの、あえて細かくはつくりこまず、曖昧さを残すことで、評価と資金配分の問題を先送りするような面があったという見方はできないでしょうか。

迷走する大学法人の評価制度

国立大学法人の目標・計画は6年ごとに策定され、その6年間ごとの活動を対象に法人評価が行われます。２００４年度～２００９年度が第１期、２０１０年度～２０１５年度が第２期、２０１６年度～２０２１年度に第３期を終え、２０２２年度から第４期がスタートしました。第１期につくられた目標・計画を「第１期中期目標・中期計画」と呼びます。現在は「第４期中期目標・中期計画」に基づいた活動が進められています。

これまで国の方針が先にあって、それに合わせて運営してきた国立大学です。第１期を迎えるにあたりいきなり「目標と計画をつくれ」と言われても、そもそもどういった範囲の活動内容を、どの程度の分量で明文化すれば良いのか。それは、相当に悩ましいものでした。

そこで文部科学省は、「新しい『国立大学法人』像について」（２００２年3月26日）という冊子を作成し、その中で中期目標・中期計画のひな形となるような例文集を各国立大学に示しました。緑色の表紙のこの冊子は「グリーンブック」と呼ばれ、多くの大学がそれを参考にしたのです。

例えば、その例文中には「教員評価を行う」という一文が入っていました。それを受けて各大学の計画にも「教員評価を行う」という文言が入りました。その結果、文言どおりに教員評価を行わなくてはならなくなり、慌ててその仕組みをつくったということも起きたのです。

また、文章のテンプレートの問題とは別に、立てる目標の達成の難易度のとらえ方は大学によってバラバラで、その評価の方法もバラバラでした。

教育・研究を充実させるために、高い目標を掲げて大学改革の推進力にしていこうという大学もあれば、到達度評価が低くなって国からの運営費交付金が減ってしまうリスクを避けようと、現実的に達成可能な範囲で目標を立てる大学もありました。未達成を避けることを最重視したような目標設定では、自己評価も甘くなりがちなのはいうまでもありません。

先述した国会での付帯決議がありますから、法人評価といっても、その結果を予算配分の査定としては使えませんし、各国立大学としても文部科学省としても、そうしたシビアな査定は可能な限り回避し、大学関連の予算をしっかり確保したいという思惑に駆られます。

そのため、大学の自己評価にせよ、それを受けた文部科学省や専門家の委員会による評価にせよ、きわめて無難な線にとどまり、そのうち形骸化していくおそれがありました。

全体的な評価結果の状況を文部科学省が公表するに当たっても、優れた取り組みや、逆に問題がある状況などは特筆されるので、多少は世論の関心を喚起するところもありました。しかし、圧倒的多数の大学の評価内容においては、世論の関心を強く喚起するようなことは書かれておらず、大学に対する社会の期待や要請が意識された内容ではなかったのです。このとき、大学の評価制度が各大学の存続に関わるような緊張感をともなうものだったとしたら、各国立大学は社会の関心を引き寄せ、大学政策に対する国民的な議論ももっと活性化したかもしれません。

先に、日本の大学教育と評価の歴史を、「大学の教育の質を比較可能なかたちで知りたい」という要求と、統一的な指標で教育の質を測ることの困難さとの間の葛藤と表現しました。法人評価は残念ながら世論の関心にはうまくリンクせず、それに応じるように、前者の社会的要求のほうがふくらんできたともいえるでしょう。

ふくらむ評価の要求と大学の評価疲れ

大学に対する社会の要求がふくらんだ背景には、経済のグローバル化が進む中での日本経済の停滞と閉塞感があります。

かつて高いＧＤＰ成長率を誇り、アメリカに次ぐ世界第2位の経済大国として名を馳せた日本ですが、ＩＴの発展が猛スピードで進む中でドラスティックな変化に適応しきれず、日本の多くの大企業がグローバル経済市場における競争力を落としていきました。他方、中国や韓国、ＡＳＥＡＮなどの新興地域が大きな経済成長を遂げ、それらに対する危機感や焦燥感が国内に広がりました。そして政治家や経済人たちが、その原因と解決策の両方を、教育や大学にも強く求め始めたのです。

そういう雰囲気の中で、大学の教育の質を客観的に評価し、きちんとできていない大学にはペナルティを与えて教育力を引き上げさせるべきだ、という声が一部で大きくなっていきます。教育だけではありません。大学の技術開発も経済成長の要として大いに期待され、研究の質の評価も今まで以上に強く求められるようになりました。

文部科学省が管轄する従来の機関別認証評価や法人評価では、社会が期待していたような大学改革、教育力・研究力の向上は進まないという認識が、他の省庁や企業関係者の中にあったのかもしれません。あるいは、メリハリの利いた「選択と集中」が必要だという考えもありました。国から大学への運営資金の措置については、政府が注力する分野を重視する競争的な研究費制度に比重が置かれるようになり、その制度やプログラムごとにも評価が求められるようになりました。

各国立大学は運営資金を確保し、経営基盤を安定させるため、いくつもの競争的資金を獲得しようと躍起になり、それにともない発生する無数の評価業務に追われることになりました。しかも、法人評価と機関別認証評価という大きな二つの異なる評価制度が並行して存在しているのです。常に何らかの評価を受け続ける日々。「評価疲れ」が、大学の現場の合言葉のようになっていきます。

そうした中で、特に第２次安倍晋三政権以降は、政策決定において各省庁よりも官邸の力が強く働くようになりました。重要な政策の方向性をめぐって各省庁がしのぎを削る状況が生まれますが、特に文部科学省は政策決定のイニシアティブを以前よりもとりづらい状況にあったという指摘もあります。また、各種の世界大学ランキングでも、日本の大学の国際競争力の低下が顕わにされ、文部科学省ではなく、官邸が主導するようなかたちで大学の教育、研究への「てこ入れ」が始まりました。

こうしたいきさつから、世界的なインパクトを与える研究を実現するための資金を自ら調達することと、それによって日本経済の成長に寄与することを求める風潮がより鮮明になり、現実問題として大学の運営にふりかかってきました。

そして財務省は、法人化してから年1％ずつ減らしてきた国から国立大学への運営費交付金の予算のうち、およそ100億円という規模の金額について、全国の大学に共通した指標を用いた評価に基づいて、大学ごとに傾斜配分する方針を表明しました。文部科学省から正式に各大学へその旨が通達されたのは、2016年12月です。そして2023年現在、その傾斜配分の規模は1000億円にまで増加しています。

評価制度は進まぬ大学改革への尻たたきか

このように、日本の国力が上がらない主要な要因として、「大学」の現状に焦点が当てられました。国はそのパフォーマンスを引き上げるため、さまざまなかたちで大学の活動を評価しました。しかし、お尻をたたいてはいるものの、彼らから見れば、大学の改革は一向に進まない状態です。

一方の国立大学も、実際には基礎的な運営費交付金の配分が減っていく中で、国に言われっぱなしではなく、企業からの資金による共同研究を増やしたりもしました。大学基金を設けて卒業生らから寄附を募る、あるいは競争的外部資金を獲得するためのスタッフを増員するなど、さまざまな取り組みを進めています。

しかし、それらの活動によって教職員の業務負担は多くなる半面、研究資金が一気に増えるわけでもないため、研究のパフォーマンスがかえって低下する事態も招いています。するとまた、大学改革の成果が芳しくないことに政府は懸念を抱き、「今の評価方法では大学改革につながらない」と、また新たな評価指標を導入する……。そもそも評価指標を増やし、精緻化すれば大学改革が進むのだろうか、という問い直しも充分になされないまま、同じようなことが繰り返されてしまっているのです。

こうした状況下で、機関別認証評価や法人評価での教育の評価内容も変わってきています。これまでは教育課程がきちんと組み立てられているか、しっかりとつくられた「シラバス（syllabus）」にしたがって法令に定められた基準の授業が行われているかといった外形的な教育システムについての点検が主でしたが、学生の達成度や満足度といった学修成果のほうが、より重視されるようになってきているのです。

では、大学評価をめぐる歴史はこのぐらいにして、その過程の中で茨城大学がどのような試行錯誤をしてきたのか、いよいよそのお話をしていきましょう。

教育マネジメントの萌芽

茨城大学において、教育の質の保証という課題が頭をもたげ、組織的にマネジメントに取り組むようになったのは、法人化の約10年前、1990年代の中ごろでした。当時は「大学教育センター」のような、大学全体の教育・カリキュラムのマネジメントを志向する組織が、茨城大学に限らず全国の多くの大学で立ち上げられた時期でもあります。

1990年代中ごろというと、日本においてはバブル経済が崩壊し、いわゆる「失われた10年」の真っただ中です。企業は採用人数を減らさざるを得なくなるとともに、社員の教育コストも従来のようにはかけられない状況でした。そのため大学を卒業したばかりの新社会人にも、「即戦力」となる知識、スキルが求められるようになりました。

ご多分に漏れず、茨城大学もその影響を大きく受けます。

のちに理事・副学長として茨城大学の評価システムの構築に尽力することになる田切美智雄も、理学部で地球科学分野を担当する教員として、強い危機感を抱き始めていました。「授業はそれぞれの教員が好きなように内容を展開していて、共通の要素となるべき数学や英語の力の習得も含めて、技術者教育としての体系性がほとんどなかったといえます。その中で、本当に学生たちがどこにも就職できなくなるかもしれない、どうにかしなければという思いを強めていました」と田切はふり返ります。

その課題意識は、世界的にトップクラスの学術成果を出していくことより、社会との実態的なつながりをより求められる地方国立大学にとって切実なものでした。

１９９５年度まで、茨城大学にも「教養部」という組織がありました。教養教育は教養部の教員が、専門教育は五つの各学部の教員が担当するかたちになっていました。

しかし、教養部に所属する教員たちには、教養部も学部と同じように独立した教員組織だという強い意識がありました。そのため「教養教育」と銘打ちながら、実態としてはめいめいが自らの専門分野を踏まえた専門教育を展開しているような状況でした。４年間のカリキュラムという射程で「教養教育」と「専門教育」をつなげてとらえる観点が、希薄だったのです。

つまり、茨城大学の理学部や工学部を卒業し、技術者となることを期待される人材が、共通で身に付けておく数学や英語の力とは、どのようなレベル、内容のものかという一致した見解はなく、そもそも議論もされていなかったのです。さらに、学生が共通して受ける教養教育でそれらのスキルをどう保証し、専門教育とどう接続させていくかという発想自体もなかった、と田切は言います。一方で、「ならば、教養部の目的は何ですか？　と問われると、誰一人うまく答えられませんでした」とも話します。

教育は自由でなくては

そのような状況下で、茨城大学は教養部を廃止しました。「4年一貫の学士課程教育」という視点をもった教育マネジメント体制へと移行していくためです。そして教養部に代わり「大学教育研究開発センター」という新組織を構築する変革が進められました。1996年のことです（2006年に同組織は「大学教育センター」に改組）。大学の共通教育に強い問題意識をもって改革に邁進していた田切が、初代センター長に就任しました。

それまで教養部に所属していた教員は、いずれかの学部へと異動になりました。そして授業計画を示すシラバスが導入されました。シラバス作成は当初は義務ではありませんでしたが、徐々に全ての教員がつくるようになります。また後年には、共通教育については、学生たちが答える授業アンケートの項目も統一しました。それまでも各学部においてそれぞれのやり方で授業アンケートが行われていたのですが、調査方法や質問項目、集計と公開の方法などが、少しずつ共通の仕様に改められていったのです。

この改革によって大きく変わったのは、シラバスも授業アンケートの結果も、「公開」されたことです。学内のみでの公開ですが、これにより教員たちは、他の教員がどのような授業をしているのか、成績分布はどのようになっているのか、学生たちは授業に満足しているのか……といったことが見えるようになったのです。

ひるがって見れば、大学の教員が高い専門性をもって展開する授業は、お互いに侵すべからずというのが、それまでの常識でした。それは、公開、すなわち授業内容や学生による授業評価の「見える化」は、教員の教育活動に対し、大学による組織的な管理を強めるということも意味しています。

「現場からの抵抗はなかったのか」と尋ねると、田切は苦笑いをしながら「抵抗はね……そりゃあ、ありましたよ」と答えました。

国立大学法人化から20年近くを経た今でこそ、学長は大きな権限をもつポストになっています。しかし、法人化前は学部や教員一人ひとりの自治性が強く、学長を頂点とするトップダウンが必ずしも機能するわけではありませんでした。ですから、シラバスにせよ授業アンケートの結果の公開にせよ、「これは絶対に必要だから！」といって強引に進めることもできません。

ならばどうしたかというと、「義務ではないけど、よければやってみて」「形骸的になるかもしれないけれど、ひとまずやってみましょう」というゆるい誘いかけで、教員の自主性を尊重しながら、そろりそろりと始めていったのです。

そうして何カ月、何年と経つうちに、計画に賛同する教員が増えていき、シラバスや授業アンケートの結果の共有という施策が、教育の改善につながっているという確かな手応えが感じられるようになりました。

「授業は『こうでなければいけない』とは一切言いませんでした。そもそも言ったところで聞く耳を持つ人もいませんし（笑）」と田切は述懐します。

「方向性だけを示したら、あとは自由裁量でやっていい。教育というのは自由がないと、授業にもおもしろさが出ませんから」

教育の質を評価し、保証することは大事だけれど、一方で教育は自由でなければおもしろくないという信念。かたや、学長や大学執行部の「トップダウン」が効きづらいという当時の現実。その綾の中から少しずつ走り出したのが、茨城大学の「ゆるい」教育マネジメントだったのです。

大学評価の始まりと茨城大学

2000年代に入ると、前述のように「機関別認証評価」と「法人評価」という二つの評価制度が始まりました。

この新たな取り組みを担うことになったのも田切でした。大学教育開発研究センターの初代センター長として教育マネジメント改革に手腕を発揮した実績に、白羽の矢が立てられたのです。田切は副学長に就任（法人化後は理事・副学長）し、本格的に評価事業を担うことになります。ちなみに田切はその後も長年にわたって茨城大学の評価事業を担当し、後年には理学部教員としての学生指導などの仕事も手ばなす決意をします。

「評価への対応と中期目標・中期計画の作成という仕事は、理学部の仕事と両立できないな、と思いました」と語る田切。強い覚悟がありました。

「教育が中途半端になってしまっては、学生に迷惑をかけます。学部には後任の教員を採用してもらって、私は評価の仕事に専念することにしました」

産声を上げたばかりの「認証評価」「中期目標」「法人評価」。それがどのようなものなのか、どのぐらいの規模の業務が発生するのか、具体的に想定するのが難しい状況でした。この難題に挑むため、田切はまず「評価室」という新たな組織づくりに着手します。そのメンバーとして採用されたのが、本書の主要な登場人物となる、嶌田敏行（現・全学教育機構教授）です。

嶌田は、金沢大学大学院の博士後期課程を、単位取得退学したばかりでした。専門は地球科学。茨城大学の職員採用試験を受けた彼の経歴に目を付けた田切も、実は同じ地球科学を専門としていました。

「専門分野が同じで、調査の手順もすぐに共有できるから、法人の目標・計画の進行管理をするための仕組みづくりという面倒な仕事を手伝わせるには、スタッフとして便利だと思われたんでしょうね」

嶌田は笑いながら、当時をそうふり返ります。しかし、この地球科学で結ばれた奇跡的な縁が、茨城大学独自の組織文化の形成にとてつもなく大きな役割を果たすことになるのです。

それまで国の言うことを聞いていればなんとかなっていた国立大学において、いきなり「法人としての中期目標をつくりなさい」と言われても、いったいどうすればよいのか分からないというのが実情でした。国立大学の広範な活動のうち、何を目標や計画として取り出し、その進行をどのように管理していくのか。そして、何から手をつけていけばよいのか。「グリーンブック」という文部科学省によるひな形があったことは先述しました。しかし、これまでに教職員によるマネジメントの経験がない国立大学です。仕組みづくりや実務面のノウハウなどは何も持ち合わせていないのです。

「最初はとにかく総花的に、思いつく限りの目標、計画を入れ込みました。細かく書かないと行動しないとも思っていましたから。各学部でもどんどん計画を積み上げていって、ものすごく分厚いものになったのを覚えています」（田切）

現場のマネジメントを支援する

それまでも自己点検評価はありました。けれども、認証評価や法人評価は学外者による評価です。外部の人に「はい、それで大丈夫です」と言ってもらわなければなりません。もし、点検した結果にまずいところがあったら、きちんと直して説明責任も果たさなければならないのです。

田切の部下である嶌田は、学部長など各現場の責任者を訪ねました。従来の大学運営にはなかった仕組みですから現場の教員たちも、それがいったいどういうものなのか、自分自身の日々の業務や活動にどう結びつくか、「まったくピンときていないようだった」と嶌田は言います。

「いやあ、学部長たちからは訪問するたびにぶつくさ言われたり、めちゃめちゃ怒られたりしましたよ」

嶌田は、そんな強い風当たりにもめげず、何度となく学部長らのもとを訪ねては議論を続けました。2004年に国立大学法人となり、「法人評価」が始まりました。それによってまず、個別の学部ごとに教育の成果を上げるだけでは不十分だという視点が生まれました。大学全体で教育の質を上げていく必要があるというふうに、考え方が変わってきたのです。

１９９０年代の教育マネジメント改革が、それまで不可侵だった「隣の教員の授業」に対する関心の扉を開く役割をしたとするならば、法人化と法人評価のスタートは「隣の学部はどんなことをしているか」という、また新たな関心の扉を開いたといえます。

各学部のあらゆる情報が、評価室に集まってくる。A学部が良い取り組みをしていると分かる。それを大学（法人）の強みにまで引き上げられないか。そう見立てがつけば、A学部の取り組みをB学部にもC学部でもぜひやってほしいと頼むことになります。しかし、これが一筋縄ではいきません。

法人化前の、学部ごとの自治が強かった時代の感覚からすれば、「よそはよそ、うちはうち。余計なことを言ってくれるな」と聞き流されるのが常です。いや、それならまだましなもので、実際には、取り組みを評価されたA学部長はよいけれど、「同じように」と言われたB学部長、C学部長からはクレームが返ってきます。それらに対応する評価室のメンバーは、その真意を丁寧に説明し、説得しつつ、ときになだめたり謝ったりしながらも、何とかことを進めようとしていました。

けれども、それをただ繰り返しているままでは先へ進めない、田切や嶌田はそう認識を改めます。

「学部長たちは、ただ怒っているわけではない。国や大学執行部の要請と、学部の現場からの圧力との間で板挟みとなり、彼らも苦しんでいるのではないか」となれば、評価室の役割は、学部長を力ずくで説得することではないはずです。各学部長が、「板挟み」の厳しい状況から脱せられるような支援をしなければならないと、彼らは考えたのです。この発想の転換から、形勢が変わっていきました。

評価室は、自分たちが持っているたくさんの情報から、学部長が学部のマネジメントのうえで必要な情報を選び、適切なかたちにアレンジして渡すという支援を始めます。説得から情報活用の支援へというこの転換により、学部長にとって、評価室は対立する相手ではなく、有用な情報を提供してくれる大切な仲間となったのです。

後述しますが、こののちに茨城大学では、ある面で教育に関する「管理」をさらに強めます。しかし、現場からの抵抗はそれほど強くなく、むしろ協力的な姿勢でこの管理強化に対応しました。本書を読み進めていくと、「どうしてこんなに抵抗がなく、スムーズにいくのか」と、みなさんは驚くかもしれません。法人化前と現在では、茨城大学のカルチャーは、少なからぬ変容を見せています。その変容の源泉は、法人化から間もない頃の、評価室の「発想の転換」にあったといっても過言ではありません。

「評価部門は、あくまで現場のマネジメントを支援する立場に過ぎない」

このスタンスは、その後一貫して大学評価に関わり続けてきた嶌田の、揺るぎない信念といえます。

日常の活動に「質」を組み込む

評価室の役割を整理しながら、さらに田切らが腐心したことがありました。それは、中期目標・中期計画の遂行、それに機関別認証評価と法人評価という二つの評価と、ルーティンの業務のための組織の運営体制とを、つなぎ合わせることでした。

これはとても重要なことです。目標・計画、評価への対応、日常の業務体制の三つがつながらないまま、それぞれがバラバラな状態で進めてしまうと、計画と現場の取り組みとの間に大きな齟齬が生まれ、活動に無駄が増えて、ちぐはぐなものになるおそれがあります。事後のつじつま合わせにも苦労するでしょうし、評価のために、無理に事実をこねくり回したり、現場の改善につながらない評価のための評価という空しい作業が生まれたり、そのために評価疲れに陥ったりといった、望ましくない状況が起こり得ます。

したがって、まずは、計画ごとに責任を持つ委員会や組織をはっきりさせることが必要です。そして、日常的な業務がしっかり遂行されれば、活動としておのずと一定の質が保たれ、良い評価も得られるという仕組みを構築しなければなりません。評価室は、各学部長らと侃々諤々の議論を繰り返しながら、その仕組みを丁寧につくり上げていきました。

マネジメントという面からみれば、茨城大学の評価室は至極まっとうな取り組みをしたと思います。けれども、意外にも当時、そのような発想で評価の仕組みづくりに取り組んだ大学は、そう多くはありませんでした。

国立大学に突如求められた目標・計画・評価による自律的なマネジメント。ノウハウを持たない大学執行部がその要求に応えられるよう、大学法人化からすぐの時期には、大学評価を担う大学評価・学位授与機構などの機関が、目標や評価に関する研修の場をたくさん提供していました。田切も一から勉強するつもりでこれらの研修に参加し、マネジメントへの理解を深めていきます。

この研修を通じて田切が関心をもったのが「トータル・クオリティ・マネジメント（Total Quality Management）」、略してＴＱＭという考え方です。これは１９９０年代から２０００年代にかけてアメリカで注目されたマネジメント論です。田切はさっそく参考となるような文献を集めました。その中には、ＴＱＭを採り入れたアメリカの大学のマネジメントに関する本もあり、読み込んでいきました。評価室のメンバーが「ＩＲ（Institutional Research）」という概念に出会ったのもこのときです。

ＴＱＭは、製造現場の品質管理手法であるＴＱＣ（Total Quality Control）を発展させた考え方です。ここでは製造業を例に説明しましょう。

製造の現場では、生産する商品の品質保証の方法として、生産ラインの末尾に、製品の品質チェックをし、不良品を除く工程があります。しかし、その工程だけでは、不良品は減らすことができても、商品の品質を高めることにはつながりません。そこで、求める商品の品質がどういうものなのか、それに対して現状はどうであるのかを、生産ラインに関わる全ての人が認識し、それぞれが最適と考える行動をとることで、目指す品質を実現する、あるいは改善を可能にしていく。これがＴＱＭの考え方です。もとはアメリカで生まれた考え方ですが、実際にはトヨタのような日本企業において「カイゼン（改善）」として花開き、効果が示された仕組みです。その意味では日本の土壌にも合ったマネジメント手法という側面もありそうです。

人は商品ではありませんから、商品の品質保証をそのまま教育に適用するわけにはいきません。けれども、教育の質を保証し、高めていくことを考えるとき、このＴＱＭは重要な視点を与えてくれます。すなわち、学生の学修成果を卒業時にだけ評価するのでは、その「質」の保証にはならないということです。

評価以前に、大学としてどのような人間を育てたいのか、それに対して現状はどうなのかを、大学の構成員全てが認識し、その共通認識のもとに全員が改善に取り組む体制をつくる。言い換えれば、大学の全ての構成員の日常の活動に「質」の意識を組み込むという考え方です。

こうして田切と嶌田は、ＴＱＭのテキストを手に、茨城大学の目標・計画を進行管理する仕組み――大学の構成員が計画づくりや評価に主体的に参加し、日常化する仕組みをつくり上げていきました。

「できるだけ多くの人が目標・計画づくりに参加して、できるだけ多くの人が常に現状を共有できるようにする。その過程を通して、『うまくいって良かったね』『大変だったね』という感覚を共有することが大事だと思います」（嶌田）

こうして、全学の目標・計画をトップダウンで一気につくって遂行するのではなくて、各部局で練り上げた計画を組み合わせて全学のものとし、その評価も関係者が一緒に取り組むという仕組みが、第1期中期目標・中期計画に取り入れられたのです。

教育の質の評価は誰のために？

グローバル化が急速に進んだこの約30年間に、日本経済の閉塞化と連動するように、大学に対する社会の期待と不信がふくらみ続けました。そして、その期待に応えようと、さまざまな大学評価の仕組みが導入されてきました。

一方、「評価疲れ」した大学は社会が期待するほどのパフォーマンスは発揮できず、その結果、社会の不信感と評価要求がますます高まるという悪循環にも陥りました。

もっとも、その過程を経て、この構造的な問題にようやく注意が払われるようになったことも事実です。第4期中期目標・中期計画では、膨大かつこと細かな量的目標・計画管理を行うそれまでの考え方が見直されています。対象とする範囲が絞られたつくりとなり、毎年度の詳細な評価も不要となりました。またその性格も、地域住民も含めたステークホルダーとの約束事の表明というかたちに変わってきています。

とはいえ、評価の仕事が大学からなくなるわけではありません。むしろ、自律的な運営と学問の自由を追究するのであれば、真に自分たちの教育・研究活動をより良いものにするための有意義な評価方法を、自ら確立し、実践すべきだといえるでしょう。

膨大な項目にわたる評価を機械的にこなして、目標・計画を形骸化させるのではなく、評価をいかに実質化して高等教育の改善に活用するか。

「評価は誰のためのものでもない、自分たちのためのものだ」

今では、そういうマインドが、茨城大学で定着しつつあります。それは同時に、教育の質の定義とその評価指標も、誰かに与えられるのではなく、自大学の教育のために自ら設定すべきということも示唆しています。自律的な教育マネジメントに対するこうした認識は、国立大学法人のスタート時点から、ある種の明確な意識のもと芽生えていたものなのです。

では、それぞれの大学の教育の目的はどのように考えていけば良いのでしょう。次は時計の針を一気に現在に近づけて、大学の教育ポリシー策定の話へと進んでいきましょう。

コラム　茨城大学の成り立ち

茨城大学は１９４９年に設立された国立大学です。戦後間もない時期の学制改革にともない、全国の都道府県に「新制国立大学」が設立されました。茨城大学も、その一つとして開学しました。本学の源泉をたどると、１８７４年設立の拡充師範学校まで行き着きます。この拡充師範学校が後に茨城県師範学校となり、茨城大学設立後は教育学部として整備されます。

また、旧制高等学校もルーツ校の一つです。

茨城県に水戸高等学校という1920年創立の学校がありました。全国で13番目につくられた官立高等学校で、卒業生には作家の舟橋聖一や政治家の後藤田正晴といった人物がいます。戦後の学校制度改革により、旧制高等学校が廃止される中で、水戸高等学校の教員の多くや図書などは茨城大学に引き継がれ、文理学部が創られました。その後、文理学部は人文学部と理学部に分かれます。さらに今、人文学部は「人文社会科学部」となっています。

現在の茨城大学を構成しているのは、人文社会科学部、教育学部、理学部、工学部、農学部の５学部です。工学部の主要キャンパスは、日立市の日立キャンパスです。言うまでもなく、日立市は日立製作所の創業の地で、茨城大学工学部のルーツである多賀高等工業学校（1939年設立、1944年からは多賀工業専門学校）は、日立製作所の創立者である小平浪平や地域の先人たちの尽力によって設立されたものです。工学部の同窓会組織の名称は「多賀工業会」と言い、このルーツに由来しています。

農学部は、県南の霞ケ浦に近接した稲敷郡阿見町の阿見キャンパスをメインキャンパスとしています。もとは戦後すぐに民間によってつくられた霞ケ浦農科大学（1946年設立）を引き継ぐ茨城県立農科大学（１９４９年設立）が前身で、茨城大学設立から３年後の1952年に農学部として合流しました。

現在は、これら五つの学部に加え、人文社会科学研究科、教育学研究科、理工学研究科、農学研究科という４研究科で構成された大学院があり、学生数は全部で約８４００人。全国86の国立大学の中では定員数が多いほうです。本学が強みとしている研究分野は、気候変動科学と量子線科学、さらにエネルギー関連の分野です。また、北茨城市の五浦海岸にある「六角堂」をはじめ、美術思想家・岡倉天心の遺構を管理する茨城大学五浦美術文化研究所なども有しています。

現在のシンボルは水戸キャンパス中央に建つ図書館。2014年に改修された。

2 全学の教育目標をつくる
―「何もしない大学」を変えたディプロマ・ポリシー―

大学の個性化と三つのポリシー

２０１５年、
茨城大学は大学３ポリシーを策定する。
なぜ大学は３ポリシーの
策定を求められたのか。
背景には、日本の高等教育への
社会的な危惧があった。

全学共通の茨城大学3ポリシー

大学の「3ポリシー」と聞いて、何のことか分かりますか。この問いにすぐに答えられたら、大学事情になかなか精通した方だと思います。「3ポリシー」とは、次の三つを指します。

①ディプロマ・ポリシー（DP）——卒業認定・学位授与の方針
②カリキュラム・ポリシー（CP）——教育課程編成・実施の方針
③アドミッション・ポリシー（AP）——入学者受け入れの方針

これらは、大学教育の根幹を表すものともいえます。しかし、実は日本の大学に3ポリシーが取り入れられてからはまだ日が浅く、十分に機能していない、あるいは使いこなせていないという大学も見られます。

なぜそういう状況が起きているのか。そして、本学ではこれらのポリシーをどのようにとらえ、活用をしようとしたのか。その視点から、大学の組織的な教育目標のあり方を考えてみます。

茨城大学では、２０１５年に全学共通の3ポリシーを策定しました。

他大学では、全学共通の教育目標を掲げた上で、3ポリシーに関しては学部ごとに策定しているところが多く、茨城大学のように全学部で統一されたポリシーを設けている例は意外と珍しいようです。本学でももちろん学部ごとのポリシーはありますが、それらは全学共通の3ポリシーをベースにして、それぞれの学部の意図を加えたものになっています（後で詳しく紹介します）。

3ポリシーの中でも「学位授与の方針」であるＤＰは、どの大学でも学生の学修の到達点として重視されています。茨城大学のＤＰは**図2**に掲げた内容となっています。特徴的なのは、大学の教育目標と連動する理念を冒頭に記したあとに、具体的な到達目標、すなわち卒業時に身に付けていてほしい知識・技能を5項目にわたって箇条書きのように示しています点です。

実は茨城大学の全学共通ＤＰのこうした表現スタイルが、教育の質保証システムの構築と、それを機能させるうえで大きな役割を果たしました。それについては後述するとして、まずはそもそもなぜ大学に3ポリシーの策定が求められたのかを見ておくことにしましょう。

図２：茨城大学学士課程のディプロマ・ポリシー（DP）

茨城大学の教育目標は、変化の激しい 21 世紀において社会の変化に主体的に対応し、自らの将来を切り拓くことができる総合的人間力を育成することである。そのために茨城大学の学生が卒業する時に身に付けているべき能力を、以下に示す 五つの知識及び能力で構成されるディプロマ・ポリシー（卒業基準）として定める。これら5要素の比重は分野ごとに異なるが、茨城大学を卒業する学生は、どの分野で学んだとしてもこれらの知識・能力を備えていることが必要である。

1. 世界の俯瞰的理解
自然環境、国際社会、人間と多様な文化に対する幅広い知識と俯瞰的な理解

2. 専門分野の学力
専門職業人としての知識・技能及び専門分野における十分な見識

3. 課題解決能力・コミュニケーション力
グローバル化が進む地域や職域において、多様な人々と協働して課題解決していくための思考力・判断力・表現力、及び実践的英語能力を含むコミュニケーション力

4. 社会人としての姿勢
社会の持続的な発展に貢献できる職業人としての意欲と倫理観、主体性

5. 地域活性化志向
茨城をはじめとする地域の活性化に自ら進んで取り組み、貢献する積極性

大学の大衆化と臨教審が描いた教育の将来像

大学の質を評価しようという動きは、前節で述べたように、国による規制緩和に始まります。

１９９１年の大学設置基準の大綱化では、大学の個性化・多様化を促す狙いで、大学・学部の新設や改革が以前よりも容易にできるようになりました。半面、あたかもその見返りであるかのように、大学教育の質を、国がきちんと評価し、保証すべきだという社会的な要請が強まりました。

その引き金となったのは、１９８０年代の中曽根康弘政権下における臨時教育審議会（臨教審）の議論です。

教育の個性化や多様化は、高等教育に限らず、小学校から高等学校までを含む臨教審の検討事項の中核となっていました。臨教審の最終答申（１９８７年8月、第4次答申）では、教育改革の視点として、次の3点が示されています。

①画一性、硬直性、閉鎖性を打破して、個人の尊厳、自由・規律、自己責任の原則、すなわち「個性重視の原則」を確立する。

②学校中心の考え方を改め、「生涯学習体系への移行」を進める。
③国際化と情報化といった「変化への対応」。

こうした改革の方向性は、当時のアメリカのロナルド・レーガン政権やイギリスのマーガレット・サッチャー政権の姿勢にも重なるものです。新自由主義と呼ばれ、世界的な広がりを見せました。

これは、政府が担ってきた事業を縮小し、民間の力を用いて自由競争に任せることで、公共的なサービスをより良いものにでき、経済も社会も成長するという考え方です。日本電信電話公社（電電公社）がＮＴＴに、日本国有鉄道（国鉄）がＪＲにと、国営会社が民営化されたのも中曽根政権下のことでした。

他方、それとはまた別の流れがあったことにも触れておきましょう。

１９８０年代～１９９０年代は、ＯＥＣＤ（経済協力開発機構）などの国際機関において、「生涯学習」の重要性が本格的に議論されるようになりました。それまで福祉的な色あいもあった「社会教育」から、個人の成長――経済の観点でいえば「生産性の向上」――を重視する「生涯学習」へと、視点が変わっていったのです。それが臨教審答申における「個性重視の原則」「生涯学習体系への移行」「変化への対応」というコンセプトに表されたといえます。これらの方針は、「ゆとり教育」と呼ばれたその後の日本の初等・中等教育の改革にもつながります。学習者主体、個性重視の教育改革は、それから細かい揺り戻しはあったものの、現在でも日本の教育政策の基調をなしています。

さらにもう一つ、教育改革を促した背景として、大学の大衆化という現象も先に挙げました。これももう少し具体的に数値で表してみましょう。

日本の大学・短期大学の進学率（18歳人口を基準とした割合）は、1968年は16・1％。6人に1人という割合でした。大学に進学するのは、まだ一部の限られた人という感じですね。それが10年後の1976年には38・6％にまで上昇します。さらに、臨教審の議論が行われていた1980年代には40％前後で推移し、その後の1999年度には半数近い約49％に達しました。大学は少数のエリートだけが通える「狭き門」ではなくなりました。

こうして大学進学者が2人に1人になったことによって、国から見れば、初等教育から高等教育までを一貫した方針で進める環境が整ってきたともいえるでしょう。

「我が国の高等教育の将来像」と3兄弟の誕生

規制緩和、自由競争、個人重視の生涯学習、大学進学率の急上昇……。こうした動きの中では、国立大学も安穏とはしていられません。自らの個性や特徴を強調しなければならないのですから、独自の教育ポリシーをつくるのはもはや自然の流れと思われるでしょう。

ところが、冒頭に触れた「3ポリシー」が政策文書に登場するのは2005年。何と、臨教審答申から20年近くたってからなのです。その行政文書とは、中央教育審議会（中教審）が同年1月28日付で出した「我が国の高等教育の将来像」（以下、「将来像」）というものです。

1980年代の臨教審答申のあと、国立大学の法人化などさまざまな施策が相次いで実施され、それらの制度改革がある程度進んだところで出された「将来像」では、次のような記述があります。

「戦後久しく、我が国においては高等教育、特にその経済的基盤に関する社会全体での議論が必ずしも活発であったとは言い難く、国全体の経済発展と個人所得の動向に支えられてきたとの感を持たざるを得ない」

「高等教育の危機は社会の危機であり、これ以上、現在の高等教育が置かれている深刻な状況を座視し続けることは許されない」

国が大学について語るときのこの悲壮感・危機感あふれるトーンは、この文書の発出から20年近くたった今もあまり変わっていないように思えます。大学評価の前提となる社会のまなざし、その語り方はこの頃からある種パターン化してきているのかもしれません。

さて、この「将来像」には、2020年ごろを想定した高等教育の将来像の一つとして、「高等教育の多様な機能と個性・特色の明確化」が掲げられています。その中の「学習機会全体の中での高等教育の位置付けと各高等教育機関の個性・特色」という項目では、次のように示されています。少し長いのですが引用します。

どのような学生を受け入れて、どのような教育を行い、どのような人材として社会に送り出すかは、その高等教育機関の個性・特色の根幹をなすものである。各機関は、入学者受入方針（アドミッション・ポリシー）を明確にし、入学志願者や社会に対して明示するとともに、選抜方法の多様化や評価尺度の多元化の観点を踏まえ、実際の選抜方法や出題内容等に適切に反映していく必要がある。また、大学は国内外の環境の変化や激しい競争にさらされることから、このような努力を通じて、次の世代を担う者に対し、各人が学んでおくべき内容を示すという機能を果たすことも期待される。

入学者受入方針に加えて、教育の実施や卒業認定・学位授与に関する基本的な方針（カリキュラム・ポリシーやディプロマ・ポリシー）についても、各高等教育機関が（必要に応じて分野ごとに）明確にすることで、教育課程の改善やいわゆる「出口管理」の強化を図っていくことが求められる。

（「我が国の高等教育の将来像」より引用。傍線は引用者）

この文章によって、「アドミッション・ポリシー」「カリキュラム・ポリシー」「ディプロマ・ポリシー」という言葉が初めて日本の大学関係者に広く示されるようになったと思われます。

改めてきちんと説明をすると、アドミッション・ポリシー（AP）は、入学者受け入れの方針を明文化したもの。「私たちの大学はこういう入学者を求めます」という宣言です。当然、理屈としてはこのポリシーに沿って、選抜方法や入学試験を検討することになります。カリキュラム・ポリシー（CP）は、どういう考え方で教育課程を編成し、教育を実施するのかという方針を示すものです。そしてディプロマ・ポリシー（DP）は、大学の出口、すなわちどういう人に学位を授与して卒業を認めるのかを定めた「学位授与の方針」です。

ちなみに、現在の日本の大学業界では、この「AP」「CP」「DP」の3ポリシーは、かつての大ヒット曲「だんご3兄弟」のように三位一体、三つで1セットだというイメージが持たれています。しかし、この「3兄弟」という認識が果たして世界の高等教育でのスタンダードなとらえ方かというと、必ずしもそうではないという見方もあります。

前節で登場した蔦田敏行は、「米国の大学の研究者と話していると、『アドミッション・

ポリシー』の話はよく出るけれど、『ディプロマ・ポリシー』といってもあまりピンとこないようだ」と語っています。

一方、ヨーロッパの「ボローニャ・プロセス」が目指しているように、国と国の間で学位の水準をそろえるとなると、その学位の授与の方針であるディプロマ・ポリシーの明文化や、それを担保するカリキュラム策定のためのポリシーが重要になるといえるでしょう。

日本の高等教育政策は、その形成に関わる専門家の研究フィールドも影響するかたちで、そのときどきでアメリカ型が重視されたり、ヨーロッパ型が重視されたりということを繰り返してきました。そうした紆余曲折を経て、日本で独自に確立されてきたのが、DP、CP、APの3兄弟パッケージだったのです。

「学士課程答申」──ディプロマ・ポリシーの台頭

「我が国の高等教育の将来像」から約4年後の2008年12月24日（クリスマスイブ！）に、中教審から、こんどは「学士課程教育の構築に向けて」という答申（以下、「学士課程答申」）が出されました。この答申では、三つのポリシーについて以下のように強調されています。

改革の実行に当たり、もっとも重要なのは、各大学が、教学経営において、「学位授与の方針」、「教育課程編成・実施の方針」、そして「入学者受入れの方針」の三つの方針を明確にして示すことである。

これらは、将来像答申で言及した「ディプロマ・ポリシー」、「カリキュラム・ポリシー」、「アドミッション・ポリシー」にそれぞれ対応する。大学の個性・特色とは、そうした方針において具体的に反映されるのである。

（「学士課程教育の構築に向けて」より引用）

いよいよ3ポリシーが頭角を現してきました。「大学の個性・特色とは、そうした方針において具体的に反映されるのである」とまで言うのだから、もはや主役級の扱いです。この答申の次の章では、「学士課程教育における方針の明確化」として、各ポリシーに関する考え方について、それぞれ独立した節を設けて懇切丁寧に説明しています。この答申をもって、国立大学（もちろん茨城大学も）の関係者にも「そのうち3ポリシーをつくることになるんだな」ということが明確に意識されるようになりました。

なお、ここでちょっと着目しておきたいことがあります。

「学士課程答申」の4年前に出た「将来像」では、3ポリシーのうち、最初に「アドミッション・ポリシー」の重要性が示され、そのおまけのような形で他の2ポリシーに言及されていたという点です。実はこの時点では、入学者の選抜のあり方への問題意識がベースとなっていたようです。

それまでの1点刻みのテストの結果で全てが決まるという画一的な入試から、それぞれの大学の特徴を踏まえた選抜へと移行させていくための施策として、「アドミッション・ポリシー」の大切さが強調されていたといえます。その意識を不等号で表すと「AP∨CP∨DP」という優先順位になります。ですから、どの大学でも、アドミッション・ポリシーが先行してつくられました。

しかし、それがカリキュラムや、学位授与の方針にも密接に関わるという意識は、総じて希薄だったといえます。

学士課程答申を見てみましょう。こちらではディプロマ・ポリシーの重要性が増しています。「DP∨CP∨AP」と優先度が逆転し、ディプロマ・ポリシーが3兄弟のトップに躍り出ているのです。この「下剋上」には、どんな背景があったのでしょうか。

学士課程答申では、それまで進めてきた改革について、「各大学において教育内容・方法、成績評価、入試など各般にわたる改革の取組が見られたことから、大学の個性化・特色化が着実に進んできた」と述べられつつも、次のように書かれています。

他方、大学とは何かという問題意識が希薄化し、ともすれば目先の学生確保の必要性が優先される傾向がある中、我が国の大学、学位が保証する能力の水準が曖昧になることや、学位そのものが国際的な通用性を失うことへの懸念も強まってきている。
例えば、学部・学科等の組織名称や、学位に付記する専攻分野の名称の多様化が進んでいるのは、そうした懸念を強める一因である。また、改革を通じて、学生の学習活動や学習成果の面で顕著な成果を上げてきたかという観点では、いまだ改革が実質化していない面も少なくないと考えられる。

（「学士課程教育の構築に向けて」より引用）

つまり、個性化・多様化という意味では、確かにユニークな名称の学部や学科、あるいは個性的な入試や選抜方法が生まれたけれど、その視点が目先の入学者確保に偏りがちだと述べられているのです。
やや踏み込んだ言い方をすると、高校生・受験生に対する「ウケ狙い」のような傾向が一部に見られ、本来重視されるべき入学後の教育の内容や学位の水準がおざなりになってはいないか、と指摘されているわけです。「それではいかん、何とかせねば」という思いが、この学士課程答申の記述に色濃く表れています。

何より大事なのは、自分たち自身がどんな大学であって、どのような人をどうやって育て、社会に送り出したいかでしょう。そこから議論してください、ということです。どのような人材を育てるか、そのためにどのような教育内容・方法を用意するか、そういう教育を成立させるためにどのような人に入学してもらうか、という論理展開です。

3ポリシーをきちんと整理しておきましょう。

①どういう人を育て、学位を授与するか＝ＤＰ
②そういう人に育てるためのカリキュラムの方針＝ＣＰ
③そのカリキュラムに対応できるような人を入学者として求める＝ＡＰ

この順番で考えていくほうが、確かに自然ですね。

こうして、全国の大学に大きなインパクトを与えたこの学士課程答申によって、「ディプロマ・ポリシー」というものの存在が、大学関係者の中でとてつもなく大きなものになったのです。しかしながら、この２００８年の学士課程答申の時点でも、３ポリシーの重要性を示すのに留まり、その策定と公表はまだ義務化されていませんでした。多くの大学関係者は、しばらく「様子見」の状態だったと思います。

3ポリシーの義務化が始まったのは、2011年4月の学校教育法施行規則の改正からです。このときにアドミッション・ポリシーの公表が義務化されました。さらに同規則が改正され、ディプロマ・ポリシー、カリキュラム・ポリシーも含む3ポリシーの策定・公表が義務化されました。それは2017年、奇しくも臨教審の最終答申からちょうど30年後という節目の年の4月のことでした。

主体的になれない日本の大学

日本の大学の3ポリシーをめぐる30年史をふり返ったうえで、ここからは茨城大学の話です。

結論から述べると、茨城大学は2015年に、学士課程のディプロマ・ポリシーを定め公表しました。五つの学部（人文社会科学部・教育学部・理学部・工学部・農学部）に共通する、全学のディプロマ・ポリシーです。茨城大学の学生である以上は、どの学部の学生であっても、学位の授与に当たって身に付けておかなければならないものを、明文化したのです。その結果、「学士課程答申」などで強調された、大学としての明確なポリシーをみんなで共有することの意義を、多くの構成員が実感するに至りました。

それは確かに国の政策誘導に端を発したものではありましたが、大学としてその策定に愚直に取り組んだ結果、その後、「大学の教育が変わる！　大学が変わる！」という変化の手応えを得ることができたのです。

茨城大学にもたらされた変革。その系譜を順にたどっていきましょう。

その前に、ここまで読まれた方の中には、「日本の国立大学には主体性がないようだ」と感じられた方もいるかもしれません。国に問題点を指摘されては、「変わらないといけないらしい」とは思いつつ一旦は様子見をする。そして義務化されたとなると一転あわてて対応する。お恥ずかしいことですが、そういうところは確かにあります。

大学のマネジメントの要となるようなポリシーの策定についても、前述の答申から分かるとおり、中教審や文部科学省は最初から「義務化」はしませんでした。大きな方針を示したうえで、大学が「主体的に」動くことをまずは待つわけです。ところが、その必要を感じていない大学は、当然ながらなかなか動かない。あるいは動いたとしても、表面的な「対応」といったレベルで、本質的な改革には手をつけようとしないのです。そのうちしびれを切らしたように国が「義務化」に踏みだすと、今度は驚くようなスピードで全大学が一斉に従うのです。何とも事なかれ主義的なところがあります。

グローバル規模の社会の変化と世論・政治の要求という大きな波が向こうに見える。今のままでは何となくまずいと思ってはいても、大きな波を越えるような本質的な改革には手をつけず、解決を先送りにする。ひとまずその都度やってくる政策誘導の小さな波に対して表面的な対応を続ける……自虐的な言い方ですが、まぎれもなく茨城大学もそのような、小波への対応をひたすら重ねてやり過ごす大学だったのです。

市民・人間・人材

それまで茨城大学に教育目標といえるものがなかったかというと、けっしてそうではありません。例えば各学部の規則の冒頭には、相当以前からそれぞれの教育の目的が記載されていました。

ところが、その規則で示された教育目標は、短くて内容がぼんやりしたものでした。少なくとも、それをもとにカリキュラムをつくったり、達成度を評価したりといった教育のマネジメントに適するものではなかったのです。

そうした中、前節で紹介したように2001年~2002年には試行的に大学評価が行われることになりました。そこではより明確な教育目標の制定が求められていたことから、茨城大学においても急遽、教育目標がすえられました。

これをきっかけに教育目標についての検討は断続的に行われ、２００９年には、茨城大学の創立60周年記念事業の一環として策定した「大学憲章」において、茨城大学の教育が目指すものとして、以下のような記述がされました。

未来を拓く学生が、自由に、自発的に行動できる学びの場として、また市民が継続して学習する場として、さまざまな学習の機会を保障します。人類の文化と社会や自然についての理解を深め、高い倫理観をもち、持続可能な社会と環境保全の担い手となる市民を育成します。豊かな人間性と幅広い教養をもち、多様な文化と価値観を尊重する国際感覚を身に付けた人間を育成します。学部教育では、大学のもつ総合力を生かして一貫した教養教育と専門教育を行います。専門知識と技能を修得し、自らの理想に基づいた将来設計ができる力と課題を探求し問題を解決する力を兼ね備えた人材を育成します。大学院教育では、幅広く豊かな学識と高度な専門知識と技能を身に付け、学術研究と科学技術の進歩に対応できる豊かな創造力をもった高度専門職業人と研究者を育成します。

（「茨城大学 大学憲章」より引用。傍線は引用者）

これも、教育のマネジメント・評価に資する「目標」と位置づけるには、まだ理念的すぎます。けれどもあえて引用をしたのは、この憲章において、大学が育成するのは「市民」「人間」「人材」であると明確にされているからです。この特徴については、現学長である太田寛行もしばしばスピーチの場で言及しています。

経済界をはじめとする社会は大学に対して「人材」の育成ばかりを求めがちですが、この憲章はそうした現状への鋭い批判の視座を与えるものです。「教育の質保証」も、たしかな「人材」の育成に強い関心が向けられた概念です。しかし、大学は社会の経済活動に適応できるという意味での「人材」ばかりを育成する場ではありません。茨城大学が、ともすれば生産性への貢献のような「人材」の視点のみに縛られた狭い意味での「教育の質保証」に陥らず、できるだけ教育の本質に目を凝らすように努めることができたのは、大学は「人材」のみならず「市民」と「人間」を育てる場なのだという大学憲章のメッセージがあったからかもしれません。

ただし、くり返しますがこれはあくまでも理念です。教育理念はとても大切なものなのですが、そのままカリキュラムの具体的な検討につなげられるような「目標」とは別のものといえます。また、実際に教育を担う教職員が、この大学憲章の内容や制定過程に当時どれだけ自分ゴトとしてコミットできていたか、という点でも充分なものとはいえませんでした。

つぎはぎだらけの違法建築物

茨城大学におけるポリシーの策定も、他大学と同様にアドミッション・ポリシーが先行しました。２００５年、「我が国の高等教育の将来像」が出た年にアドミッション・ポリシーを公表しています。そして、「学士課程答申」により、今後は三つのポリシーが必要になるという認識が、学内の関係者の間でも広がっていきました。

その過程で、先に各学部でディプロマ・ポリシーの作成が進められてきました。

各学部は、もともとそれぞれの規則で目標を明確にすることが求められていましたから、それらとアドミッション・ポリシーとを整合させるようにしながら、各学部の考えに基づく表現でディプロマ・ポリシーを策定していったのです。しかし、この時点ではやはりどこか受け身の姿勢でしたし、ましてや5学部をまとめあげて、大学全体のディプロマ・ポリシーをつくるという発想も動きも希薄でした。

当時の状況をよく知ろうと、学務部事務職員の菊池昌彦の協力のもと、かつての議事録などをひもといてみました。大学の業務は、運営に関わる総務や財務、研究に関わる学術や企画、そして教育に関わる学務などの領域に分けられます。菊池は茨城大学に入職以来、ほぼずっと学務に携わってきた学務のプロフェッショナルといえます。

後に述べますが、茨城大学が全学のディプロマ・ポリシーを策定したという事実は、本書で扱う一連の歴史にとって、とてつもなく重要な出来事でした。そしてそれ自体は、国による「義務化」の動きよりも早い段階で取り組まれていました。

この流れ、すなわち「全ての学部を束ねる全学のディプロマ・ポリシーを、茨城大学も策定するのだ！」という機運が、果たしてどのように生まれたのか。受け身だった大学が、どのようなきっかけで、その作成に自ら手をつけたのか。それを知りたかったのです。

そこで、全学のディプロマ・ポリシーができた２０１５年前後に行われた、関連する会議の議事録を調べました。全学ディプロマ・ポリシーの策定を指示したのはいつ、誰だったのか。そこにどのような思いがあったのか。

当時、学務課総務・企画グループの係長として「教育改革推進会議」という会議の運営を担当していた菊池が、青いカバーの分厚いファイルに綴じられた書類のページをめくりながら、そのときの記憶を手繰り寄せます。ふと菊池の手が止まりました。そして「あ、そうかぁ」と声を挙げました。

「恥ずかしい話ですが……。文部科学省の大学教育再生加速プログラム（ＡＰ：Acceleration

Program for University Education Rebuilding）の申請条件の一つに、『全学の3ポリシーが決まっており、それが各学部の教育にも反映されていること』というのがあって、それに対応したのが直接の理由だったようです」

菊池の言うAPは、文部科学省の補助事業の一つです。

実は、この補助事業に採択されたことが、大学独自の教育マネジメント施策を成功に導く大きな要因となるのですが、この時点ではもちろんそのようになるとは予想すらしていません。補助金の申請の条件になっていたから慌てて3ポリシーをつくるとは、まさに政策誘導、受け身な対応……。熱い使命感に満ちた人間ドラマを期待して調べてみたものの、そのいきさつは決してかっこいい話ではありませんでした。

これは日本の大学の運営体質をよく表しています。大学のマネジメント改革も、何だかんだと体裁をつくろったところで、結局は国の補助金と紐づけられており、大学の思惑も本質的な改革より補助金獲得のほうに強く働きます。こうしたかっこ悪い過去も、大学運営のリアルな現場の事例として、みなさんには受け止めていただければと思います。

とにもかくにも、日本の国立大学の改革は、大きな波に立ち向かうべく、盤石で骨太な改革方針を各大学が主体的につくり、それを力強く実現していく——という具合にはなかなか進みません。

国立大学は法人化以降、国からの運営費交付金を年々減らされています。補助金という人参を目の前にぶら下げられたまま、それをひたすら追いかけ続けるサバイバルゲームに参戦するような状況を呈しています。その中でなんとか生き永らえるため、遠くを見通す暇もなく、いくつもの小さな波に必死に対応してきたのです。

大波の存在をはた目に見つつ、次々とやってくる小波に対応するようにして、つぎはぎだらけの「改革」を進めてきた国立大学。その姿を嶌田は皮肉をこめて「違法建築状態」と表現します。違法な増築の先に待ち受けている未来は、自らの重みで倒壊する大学の姿です。

一方で、こうした厳しい現実からスタートせざるを得ないとしても、展開によっては自分たちらしい、ユニークで魅力的な「建築物」をつくりだすことも可能です。

これからご紹介するのは、茨城大学が懸命につくり上げた独自の「建築物」です。理想と現実のはざまで試行錯誤しながら、自分たちの足で懸命に立とうとあがいてきた足跡をぜひご覧ください。

「何もしない大学」と言われて

当初はつぎはぎだらけの建築物だった茨城大学の教育ポリシー。その状況を一変させるキーパーソンが出現しました。２０１４年9月に第15代学長に就任した三村信男です。三村は、茨城大学の創立と同じ１９４９年、広島に生まれました。専門は海岸工学です。波の力とそれによる海岸の形成について分析し、それをもとに海岸浸食や津波被害の対策を検討する学問です。１９８０年代というかなり早い時期から地球温暖化の問題にかかわり、太平洋の島しょ部などさまざまな地域の海岸で調査を行ってきました。その研究と対策の枠組みについての議論を、世界中の研究者や政策関係者と進めました。ノーベル平和賞を受賞した国連のＩＰＣＣ（気候変動に関する政府間パネル）にもその立ち上げの時期から参加し、報告書の統括主執筆者（Lead Author）を務めました。日本の温暖化・気候変動研究の第一人者として現在も活動しています。

気候変動は、国境を越えるグローバルな問題である一方、先進国と、これから発展していこうとする新興国との間で、激しい対立をはらむ問題でもあります。この問題に対し、国際協調によって政策目標の合意点を見出していくのは容易なことではありません。例えば２０１５年のパリ協定をめぐって、米国の大統領だったドナルド・トランプがパリ協定離脱を表明したのは、読者のみなさんの記憶にも新しいことと思います。

各国の政治的な思惑に左右されて、合意を取り付けるのが難しいというのは、各国政府をメンバーとするＩＰＣＣの宿命です。ＩＰＣＣが発表する世界の気候変動の状況や影響予測についてのレポートは、各国の政策に与える影響が大きいため、科学的な知見に基づいたとしても、何について、どこまでを明記し、最終的なレポートとするかをめぐっては、各国・地域から派遣される代表者と科学者との間でかなりシビアな議論がなされます。

三村は国際会議の場において、こうした難しい合意形成に臨むとともに、日本の環境政策の目標や立案にも関与してきました。幅広い学問領域にまたがる知見を統合し、さらに具体的な国際合意や政策につなげること、すなわちそのような対話とマネジメントがきわめて重要な活動に、長年にわたり当事者として携わってきた三村が、茨城大学の学長に就任したのです。彼が教育の全学的な「目標」の重要性に目を向けたのは、その意味で自然ななりゆきであったといえます。

三村が学長に就任した当初、茨城大学は「何もしない大学」と、文部科学省に評されていました。実際に、文部科学省の幹部から面前でそのように言われたという茨城大学関係者もいます。

２０００年代後半から２０１０年代にかけては、各国立大学が大きく動いた時代でした。

「国際」や「地域」といった名称を冠した、分野融合的な新しい学部が、国立大学でも次々と誕生していました。一般に、全学的な自治よりも、学部単位の自治が強いのが大学です。従来の教育組織を大きく改組して新たな学部をつくるためには、リーダーの強い意志とマネジメント力が必要なのです。大学に対する社会の要請――時代のニーズに合った人材の育成と変革――に、本当に応えられるのか。各大学は、新しいコンセプトを持った学部の新設という挑戦のいかんによって、その本気度と能力を試されていたといってても過言ではないでしょう。

しかし、茨城大学はこの時期に新しい学部をつくることができませんでした。もちろん、ただ指をくわえて他大学の様子を見ていたわけではありません。茨城大学においても、新しい学部をつくろうという構想はありました。しかし、学長や執行部の思いがいくら強くても、それを全学的な機運につなげることや、具体的な動きにつなげることがなかなかできずにいたのです。

新学部の設置構想をもって、毎年のように文部科学省との折衝に臨んだものの、毎度目立った進展を示すことができず、気付けば文部科学省から「何もしない大学」という不名誉なレッテルを貼られていたのです。

「そういう評判が教職員の耳にも入るようになっていて、いよいようちはまずいんじゃないかという危機感が強まっていました」と、当時をよく知る菊池は言います。

茨城大学のディプロマ・ポリシー

三村は学長就任の直前、副学長を務めていました。具体的な改革が進まない中で、その執行部の一員として責任を担う立場にありました。

三村自身は、前学長の掲げる新学部構想自体には「それなりに理がある」と考えていました。しかし、その検討の議論が組織の再編の話に偏っていることが気になっていたようです。すなわち「○○学部のあそこと、▲▲学部のあそこを一緒にしてはどうか」「いや、それはできない」といった議論に終始しがちだったと言うのです。

「われわれが、大学として学生たちのどんな力を育てるのか、その議論が抜け落ちていると私は感じていました」（三村）

そして三村は、学長就任の3カ月前、2014年6月に学内の教育改革に関する議論において以下のような提言をしています。

大学改革を進めるためには、改めて養成する人材像について全学的に大局的な方向性

を共有することが重要。それをまとめると、「変化の激しい21世紀の社会で卒業後も変化に適応し成長できる『総合力』を持った人材」の育成である。総合力は、①広い教養に裏付けられた俯瞰的視野、②深い専門性、③人間力（コミュニケーションの能力、協調性、異文化理解、倫理観などを含む総合的特性）が柱になる。分野ごとの人材育成機能の強化を図るうえで、この人材像を共通の基礎とする。

後に策定される全学ディプロマ・ポリシーの骨格が、副学長時代の三村のこの提言にすでにかなり見られます。三村は、大学教育の重点をサプライサイド（供給者側＝教育者）から、学修者の方へ移すことが重要だと考えていました。それは、自らが携わったサステイナビリティ学——グローバル規模の環境・社会の変動に対する持続可能なあり方を問うて実践する分野横断的な研究と教育の体系——の教育プログラムや、海外での学生たちのフィールド演習活動の経験を通じて、培われていた認識でした。その思いが引用した提言に端的に表されています。

一方、先に触れたとおり、三村の学長就任とは別の経緯で、全学ディプロマ・ポリシーの検討はすでに進められていました。

２０１４年12月に開かれた教育改革推進会議では、先に制定されていたアドミッション・

ポリシーや大学憲章の内容などをもとに、ディプロマ・ポリシーとして以下のような文案が提示されています。骨子は菊池がまとめたものです。

①自らの将来を切り拓くために、生涯にわたって主体的に学び続けることができる（姿勢・意欲）。

②現代の世界と社会の持続可能な発展に貢献できる職業人として、幅広い教養と高い専門性を備えている（知識）。

③論理的に考え、総合的に判断し、課題を解決する力と、他者と協働できるコミュニケーション力を身に付けている（能力）。

自ら提示した案について、菊池は「これ、別にうち（茨城大学）のディプロマ・ポリシーでなくてもいいよな」と内心感じていたそうです。

「そのまま、他の大学に入れ替えても通用する内容だもの」

しかし、茨城大学の五つの学部は、それぞれ成り立ちも違えば、カリキュラムの組み方や内容もまったく異なります。それらの学部を横断し、共通する学士課程のポリシーをつくろうとすれば、なるべく当たり障りのない、あいまいで理念的なものになってしまうのも無理はありません。

さて、学長に就任して間もない三村も、この案を受け取り菊池と同じ感想を抱きました。同時に、三村が学長就任直前に提言した「養成する人材像」を、まさにこの「学位授与の方針＝ディプロマ・ポリシー」でこそ表現すべきだと考えました。ただ、三村自身はこの頃、これが「カリキュラム・ポリシー」「アドミッション・ポリシー」にもつながる3ポリシーの核になるものだという認識はなかったと述懐しています。

三村は自らの手で、ディプロマ・ポリシー案をつくり直しました。1カ月後、教育改革推進会議で示された新しいディプロマ・ポリシー案の内容は、その後決定されたディプロマ・ポリシーの完成版（61ページ・**図2**）とほぼ同じでした。

先に述べたように、本学のディプロマ・ポリシーには、内容、形式の両面で大きな特徴があります。内容の特徴としては、五つのうちの1番目に、「世界の俯瞰的理解」という要素が掲げられていることです。2番目の「専門分野の学力」が、各学部の教育体系を踏まえたものだとすれば、それよりも先に立つ、大学教育の最も重要な目標として「世界の俯瞰的理解」を身に付けることが示されているのです。

三村は、専門的な深い知識・能力を持つ人を、アルファベットの形に見立てて「I型人材」と呼びます。ものごとを、深く掘り下げて探究する垂直思考型の人間を意味します。

一方、専門的な知識・能力と、俯瞰的な視点を併せ持つ人を「T型人材」と呼びます。俯瞰、すなわち横広がりの視点と探求力のある人間を指します。三村は「これから求められるのはT型人材の育成だ」と述べています。その意思が、「世界の俯瞰的理解」を1番目に掲げたこのディプロマ・ポリシーに反映されています。

また、形式的な特徴は、五つの要素が箇条書きになっていることです。他の大学のディプロマ・ポリシーをご覧いただくと、多くはやや冗長ともいえるような文章体で構成されています。茨城大学のそれのように、要素をできるだけシンプルにし、箇条書きにした形式のものはあまり見かけません。

実はそこが大きなポイントです。この独自の形式が、学生・教職員をして、茨城大学を日本で（おそらく）最もディプロマ・ポリシーを意識している大学に仕立て上げたといっても過言ではありません。そのことについては第4節で改めて触れることにします。

全学の目標と学部の目標

こうして産声を上げた全学のディプロマ・ポリシー。各学部の自治意識が強かった歴史を考えれば、知識やスキルの内容にまで踏み込んだ全学統一の目標の策定をめぐっては、それぞれの学部と大学本部との間で大きな対立・葛藤を生んだだろうと思われるかもしれません。

ところが、ディプロマ・ポリシーを検討する各種会議においては、意外にも激しい反発や辛辣な批判はありませんでした。そこには、この段階に及んでも、「全学のディプロマ・ポリシーなどはあくまで形式的なものに過ぎず、各学部独自の教育には影響しない」という認識が現場の教職員の中にあったのかもしれません。また、さしたる反発がなかったのは、各部局にとって脅威やネガティブさを感じる要素が特にないというだけだったとも考えられます。

しかしながら、全学のディプロマ・ポリシーは、実際には形式的なお題目にとどまることはありませんでした。というのも、その策定の次には、全学ディプロマ・ポリシーの枠組みを踏まえたかたちで、各学部のディプロマ・ポリシー自体も見直すという作業が待っていたからです。自治意識の高い学部のディプロマ・ポリシーの内容や形式も、全学版に拘束されるとなれば、今度こそ現場では緊張感が湧きでてきそうです。

全学のディプロマ・ポリシーをもとに、各学部のディプロマ・ポリシーを見直す作業に取り掛かると、各学部がそれまでやってきた、あるいはこれからやろうとする専門的な教育と、大学全体の教育との関係性について、いやが上にも意識せざるを得なくなります。

全学ディプロマ・ポリシーに掲げられた5項目。

①世界の俯瞰的理解
②専門分野の学力
③課題解決能力・コミュニケーション力
④社会人としての姿勢
⑤地域活性化志向

これらの要素のうち、学部は②の専門分野の学力だけを保証すれば良いというわけではありません。むしろ②は当然のものとして、それ以外の要素を各学部の教育にどのように位置づけ、具体的にどのようなカリキュラムに落とし込んで実践するか。それが問われることになるのです。

こういう議論、検討が生じることこそが、全学のディプロマ・ポリシーをつくることの一つの大きな意義といえます。そして、この難しい議論を進めるうえでマネジャーとして手腕を発揮したのが、2014年当時、学長特別補佐を務めていた木村競（2016年度からは教育改革担当の副学長）でした。木村の専門は倫理学で、このときは教育学部の教

図３：学部のディプロマ・ポリシー（DP）の例

茨城大学農学部の教育目標は、国際的な視点による食料・食品の高度化及び農業を核とした新産業創出に主体的かつ意欲的に取り組み、地域の農業と地域コミュニティの活性化を支える実務型農学系人材を育成することである。そのために、茨城大学が卒業生に求める資質に加え、農学部の学生が卒業時に身に付けているべき五つの能力をディプロマ・ポリシーとして定める。

1. 世界の俯瞰的理解
多様な文化と価値観を持って、グローバル社会における農業・食料問題を包括的に理解している。

2. 専門分野の学力
総合科学としての農業分野の専門知識と技術を修得している。

3. 課題解決能力・コミュニケーション力
「生命を支える食料と食品」の課題を科学的視点から多面的に検討し、他者と協調しながら解決する能力を修得している。

4. 社会人としての姿勢
農学系専門職業人として、生涯にわたり主体的に学び続け、自然との共生社会の実現に貢献する意欲を有する。

5. 地域活性化志向
獲得した専門性を活かし、地域社会の持続的発展に寄与する意欲を有する。

授を務めていました。全学のディプロマ・ポリシーをもとに各学部のポリシーをつくっていくプロセスは、木村が持っていた、教育とはどうあるべきかという哲学・倫理的な視座と、持ち前のコミュニケーションとマネジメントのセンスとが、バランス良く発揮されたものでした。具体的には、各学部のディプロマ・ポリシーのつくり方として、木村は次の二つの方向性を示しました。

①全学ディプロマ・ポリシーの5要素の構造を活かしたまま、各学部の教育目標を踏まえて修文すること。

②5要素に対して、学部独自の要素を新たに加えること。

そして、この2点を踏まえていれば、その内容の決定権は各学部自体が有するという原則を確認しました。いわば学部の主体性、教育の自治を保証するものです。この原則の確認と、つくり方に関するシンプルなガイドラインの提示が効果的に働きました。そうして実際に策定された学部のディプロマ・ポリシーの例を**図3**に示します。全学のディプロマ・ポリシー（61ページ・**図2**）と見比べてみてください。

大学教育のあり方は、大学が一方的に評価・管理するものではなく、根本的にはそれぞれの学部や教員が主体的に考え、議論することにより成立させていくものである。マネジメント部署はそのために必要な材料やフレームワークを与えるに過ぎない。それを、ここで木村は具体的な形で示しました。この姿勢は、その後も茨城大学の教育マネジメントに貫かれていきます。

なお、このときの教育マネジメント改革は、全学ディプロマ・ポリシーの策定だけにとどまりませんでした。教育内容の充実のために、学修者主体のアクティブ・ラーニングの全学での推進、従来の「教養科目」を改めた「基盤科目」の設定、授業科目の編成を柔軟にする2学期4クオーター制の導入も図られました。合わせて学部の改組も進められました。

このうちの「基盤科目」は、ディプロマ・ポリシーの5要素をどう身に付けるかという観点に立って、それまでの教養科目を大胆に編成し直したものです。また、それらを推進・管理するための「全学教育機構」という新組織を設置するなど、幅広い形で改革が展開していきました。

「何もしない大学」と言われていた茨城大学にとって、これらの改革は、突然ジェットコースターに乗せられたように目まぐるしいものになります。その座席に乗る覚悟の源泉には、今度こそ新しい動きをつくりたいという教職員の気持ちがあったのかもしれません。

その操縦席に必要だったものは何か。それは、教育の改革とは、組織の改編ではなく、自分たちは何者かという自問から始まるのだという信念、ディプロマ・ポリシーが組織をも動かすのだというビジョン、そのうえでそれぞれの現場での主体的な実践を信頼する姿勢でした。

もちろん、大学の構成員全員が完全に同意のうえで、このコースターに同乗したわけではありません。また、ひとまずスタートを切ったものの、無事に走り続け、ゴールに到達できるかどうかは分かりません。ディプロマ・ポリシーの策定は、改革の出発点でしかないのです。ここから始まる実践にこそ困難が待ち受けています。それは次節以降で述べましょう。

教育の主観的評価という本質

この節の最後に、ディプロマ・ポリシーの活用をめぐるちょっとした出来事について触れておきます。

全学ディプロマ・ポリシーができた2015年、この年に別の大きな目標づくりも同時に進められていました。第1節で紹介した、国立大学の法人化にともない6年ごとに設定が求められている「中期目標・中期計画」です。２０１５年度は第2期中期目標・中期計画期間の最後の年で、翌２０１６年度から始まる第3期中期目標・中期計画期間に向けて、新たな目標・計画を立てる作業が大詰めを迎えていました。三村にとっては、学長として初めて自ら手がける中期目標・中期計画になります。

第3期中期目標・中期計画においては、それぞれの目標の達成度を検証するための、具体的な数値目標をあらかじめ立てることが求められました。鍵となるパフォーマンスを測る指標、いわゆるＫＰＩ（Key Performance Indicators）の設定です。そしてその策定に当たっては、事前に文部科学省の担当者と内容の共有や相談をする過程もあり、その中ではさまざまな意見が付されることが一般的です。

茨城大学では、一連の教育改革の達成度を評価する目標指標も定めることになり、その一つとして「ディプロマ・ポリシーの達成度」という項目も入れました。この際に計画案に指標として書き入れたのは、客観的な達成度ではなく、学生自身の自己評価による主観的な達成度でした。

ところがこの計画案に対して、文部科学省から意見が付されました。「学生の自己評価ベースでは科学的とはいえない。もっと客観的な指標にできないのか」という趣旨の意見です。

文部科学省からの意見に対し、学長の三村はこう主張しました。

「教育において何よりも重要なのは、学生が自身をふり返り、『この力が身に付いた』と自信を持てることだ。学生の自己評価という項目は外せない」

文部科学省の担当者の対応は冷ややかでした。

「そうですか。それは大学が判断することですから、それでも構いません。ただ、私たちは客観的な指標を重視します」

しかし、三村のこのこだわりと決断——すなわち教育という営みの評価は本質的には主観的なものであるという考え——が、後に茨城大学の「教育の質保証」の取り組みにおいて大きな意味を持ってくることを、このときはまだ誰も深くは理解していませんでした。

3「教育の質保証」とは何か

―学修データと大学運営―

データを活用した大学運営と「ＩＲ」

新たに導入された大学評価とＩＲの普及。
それは日本の大学教育を大きく変える可能性を持つ。
しかし「科学的根拠」重視の傾向が
教育の質保証の現場を迷わせる。

大学運営における「ＩＲ」とは何か

さて、いよいよ「教育の質保証」の話に入っていきます。

結論からいえば、茨城大学の教育の質保証のシステムの核心には、強いトップダウンによるマネジメントより、現場が動きだすボトムアップ型のマネジメントを志向していること、学修者の視点に立ってその自己評価を重視していること、そのような学内での自律的な質保証をドリブンさせるものとして各種データをとらえ、活用していること、といったポイントがあります。

このような仕組みが徐々に出来上がっていくまでの経緯や社会の動きを理解いただくため、やや迂回するようですが、まずは大学のマネジメントにおける基本的な機能となってきている「ＩＲ」と「内部質保証」、さらには学修に関する評価やデータをとりまく最新事情などを紹介します。そのうえで、茨城大学における教育の質保証のシステムの誕生をふり返っていきます。

はじめは「ＩＲ」という概念についてです。

マネジメントの世界で「ＩＲ」というと、一般的には投資家向けの各種施策（Investor Relations）をイメージされるかもしれません。

一方、大学運営にかかわる用語としての「ＩＲ」は、「Institutional Research（インスティテューショナル・リサーチ）」のことです。そのまま日本語に訳すと「機関・組織の調査」となります。

第1節～2節に登場した蔦田敏行（現・全学教育機構教授）が、大学運営の支援において、専門に携わっているのがこの「ＩＲ」です。

大学のＩＲとは、大学の運営や教育・研究の状況を測り、そのデータを大学の執行部や関係する部署に提供する活動です。さらに、調査・収集したデータの分析や、それに基づく提言を行うところまで踏み込むこともあります（それは本来のＩＲの領域を超えるものです）。近年では、「ＩＲ室」といった部署を設置する大学も多くなっています。文部科学省が２０２１年に公表しているデータによれば、全学的なＩＲ業務を専門で担当する部署の設置状況は、２０１６年の時点では29・５％なのに対し、２０１９年では44・８％と増えています。

なかにはこうした部署に、高等教育論やデータサイエンスを専門とする職員や教員を起用している大学もあります。要は大学運営に関する学内の調査部門です。

茨城大学が「大学戦略・ＩＲ室」という組織をつくったのは２０１５年でしたが、実は２００５年につくった「評価室」の英語名は「Office of Institutional Research」としていました。この点ではかなり早い段階で「ＩＲ」の概念を組織名に冠していたといえます。

ここで、ＩＲの必要性を理解するために、ＩＲの概念で先行するアメリカの大学と日本の大学の違いにも注目しながら、その背景に少し触れておきましょう。

アメリカの大学におけるＩＲと「エフェクティブネス」

日本の大学は、文部科学省によって入学定員が厳しく管理されています。授業料収入がもっと欲しいから来年度から大学に入れる学生の数を倍に増やそう、というようなことを思いついても、勝手に実施することはできません。一方、アメリカの大学には、日本の「入学定員」のような制度はありません。何人入学させるかは、大学経営者の裁量でその都度決めることができます。

さらに、これは制度的な違いというより文化的な違いかもしれませんが、アメリカの大学は日本の大学に比べて中退・転学する学生が多数います。社会人が、より良い条件を求めて転職を繰り返すのと同じイメージです。大学でも企業でも、人の流動性が大きいのがアメリカの社会です。

転学する際、元の大学で履修した単位を、転学先の大学でも認めてもらえる単位互換の仕組みもかなり進んでいますから、学生からすれば単位を持ち歩いて転学するようなもの。今在籍している大学よりも他の大学の方が自分のニーズを満たしてくれそうとなれば、そちらへひょいと乗り換えることが、さしたる抵抗感もなくできるのです。

大学の収入が学生の授業料に大きく依存するというのは、私立大学だけでなく、政府からの予算措置が限られている州立大学も同様です。したがって、大学間の学生の流動への対応は経営上の大きな課題となります。

なおかつ、アメリカの大学経営者には、招へいされて経営を任される、いわゆるプロ経営者も多く、大赤字を出してしまったら経営者失格の烙印を押され、大学を追い出されてしまいかねません。

このため、できる限り入学者を確保し、退学・転学者を出さないように、アメリカの大学経営者は教育の質を重視します。学生や社会からの評価を保ち、あるいは向上させるため、学生のケアに努め、満足度を高めることが、きわめて重要な課題なのです。それを可能にするには、刻一刻と変化する学生の状況をできる限りリアルタイムで把握し、適切な対応をしていくことが必要となります。

そのような実情からすれば、アメリカの大学において学生の学修や生活の状況、教育の実態についての調査・情報提供機能、すなわちＩＲが発展してきたというのは大いに納得がいきます。経営にかかわるシビアなレベルで、学内に調査の担当者を置き、各種調査をとりまとめて、経営陣にレポートするＩＲ機能が必要だったのです。そして、これもアメリカらしいところですが、今やＩＲは学内で完結するものではなく、学外の専門機関や企業を含んだ一つの産業にまで発展しています。

ちなみに現在のアメリカでは、「ＩＥ」という概念も広がってきています。ＩＥとは「Institutional Effectiveness（インスティテューショナル・エフェクティブネス）」の略で、単に「Effectiveness（エフェクティブネス）」とも呼ばれます。日本語に訳すと「有効性」という意味です。教育の状況を把握して改善し、教育機関としての「有効性」をマネジメントしましょう、ということです。

みなさんが読んでくださっているこの本のテーマも、その意味ではまさに「エフェクティブネス」の話だといえます。

日本の大学におけるＩＲの普及

では、アメリカとは異なり、定員管理の厳格な日本の大学でＩＲが普及したのには、どのような背景があるのでしょう。

ＩＲが日本の大学で普及し始めたのが２０１５年ごろであることは先に述べました。しかし、大学の活動に関する各種調査データの収集・分析は、それ以前より行われていました。その背景にあるのは、第1節で述べた大学評価制度の存在です。

国立大学法人では、法人評価と機関別認証評価という二つの評価システムに対応する必要がありました。これは膨大な業務をともなうものだったので、その対応のために各大学に評価の専門部署が設置されました。この評価の仕事は年々ふくらんでいって「評価疲れ」を招いた一方、大学の活動に関するいろいろなデータを集め、レポートとしてまとめるという機能が少しずつ学内に定着していきます。

そこへさらに、近年は政策の形成や評価における「エビデンス重視」という傾向が加わりました。「エビデンス・ベースド・ポリシー・メーキング（Evidence Based Policy Making）」、略して「ＥＢＰＭ」。政治、政策に関わらない方にとってはあまりなじみのない用語かもしれません。

ＥＢＰＭとは、何となく「これをやれば良くなりそう」といった勘や感覚で政策を進めるのではなく、学術的な知見、あるいは実験や調査の結果としてのエビデンス（根拠）をしっかりと踏まえて政策をつくることが大切だという考え方です。国民の税金が投入される以上、無駄な施策や公共投資は減らさなければなりませんから、ＥＢＰＭはとても大事なアプローチです。

例えば、国が構想するある政策について、全国一斉に展開する前に、特区のようなところでまず実験的に導入し、その効果を検証したうえで、問題点を解消しながら他へ広げていくというようなかたちがその一例です。こうした科学的な政策の進め方は、納税者の理解を得るためにも重視されるべきでしょう。

このように科学的な根拠を重視する「ＥＢＰＭ」の考え方が広がる一方で、「エビデンス」を量的データと狭く理解してしまい、政策の効果は客観的な数値データで測れないといけないというような誤解も生じています。

ＥＢＰＭは、政策を遂行する根拠として、客観的な量的データを常に求めるものではありませんし、政策の費用対効果を高めること自体を目的にしたものでもありません。しかし、企業においてもデータを用いた合理的な経営技術が求められる中で、公共政策でも同じような傾向が生まれてきました。

それに呼応するように、国立大学法人評価においても、目標・計画として測定可能な数値目標を立て、それに基づいた評価をするようにと求められるようになってきます（前節の終わりの「私たちは客観的な指標を重視します」という文部科学省の担当者の言葉を思い出してください)。「大学評価=量的な目標効果測定」という風潮に染まるようにして、大学評価の舞台にもいろいろな種類、いろいろな仕様のデータがあふれかえることになったのです。

こうして大学評価業務においてデータの収集が重視されるようになっていく状況下で、アメリカで生まれたIRが注目され、日本に入ってきました。実際、日本の大学においては、評価室から派生してIRの専門部署ができたところも多かったようです。また、認証評価に対応する形で学長室の延長線上にIR部署が生まれたという例もあります。

IRという言葉が日本の大学でにわかに広がったのは、文部科学省の事業がきっかけでした。九州大学の准教授を務めている小湊卓夫氏は、それを「私立大学等改革総合支援事業」(2013年〜)と「スーパーグローバル大学創成支援事業」(2014年〜)の2事業だと指摘しています(山田礼子・木村拓也編著『学修成果の可視化と内部質保証 日本型IRの課題』玉川大学出版部:2021)。例えばスーパーグローバル大学創成支援事業の公募要領には、「IR機能の強化・充実」という指標が盛り込まれています。

大学評価と内部質保証

このように、「大学評価のため」という目的が先立ってしまいがちなのが日本の大学のＩＲです。

いろいろなデータは収集するものの、教育活動や研究活動の発展そのものにとって真に必要な情報収集にはなっているのかはおぼつかない。ＩＲ部署が一生懸命につくった電話帳のようなデータ集やレポートも、結局活用されないままになってしまう。現在でもそういう事態は時折聞かれるのが実情です。

一方、ＩＲの専門部署を置く大学が増えていった２０１０年代の後半からは、新たな事情が加わってきます。

というのも、国から国立大学の運営資金として措置される運営費交付金のうち、大学の活動実績に応じた傾斜配分の割合が大きくなったのですが、その実績評価において、まさに量的データが幅を利かせているのです。良い評価の大学は交付額を増やし、悪い評価の大学は減らすという際に、大学間で実績を比較する共通の指標として、いろんな量的データの提出が各大学に求められるようになりました。つまり、日本の大学でも、ある種のデータが収入の増減に直結しかねない事態が起きているのです。

このように、大学運営に関わる各種データを扱う「ＩＲ」の役割はますます大きくなっているのですが、それと並行して、大学評価の考え方も変化してきています。大きくいえば、大学の教育の評価の視点が、「きちんと教えているか」から「学生たちはきちんと学べているか、成長できているか」へと移ってきているのです。

大学外の機関や人が教育評価を行う仕組みは、「外部に教育の質を保証してもらっている」という意味合いから「外部質保証」といいます。対して、大学が自ら教育の状況を点検し、常に改善を図っていくような学内での質保証の取り組みは「内部質保証」と呼ばれます。

外部質保証の一つといえる機関別認証評価制度は、国立大学だけでなく、公立大学、私立大学なども対象としています。高等教育機関としての要件をきちんと満たしているか、ということを第三者が評価する仕組みです。これは２００４年に始まり、その後、７年以内に１回のサイクルで実施されています。本書執筆時点では３巡目の評価が各地の大学で行われています。

大学教育の質保証が重要だという考えから、鳴り物入りで導入された機関別認証評価制度ですが、当初は制度としてあいまいなところがありました（第１節）。その後試行錯誤を繰り返し、１巡目、２巡目、３巡目と回を重ねるごとに制度やコンセプトを見直しながら進められてきた側面があります。この変遷を見ていくと、大学の教育の質をどう評価するのか、という日本社会の見方の変化の歴史が見えてきます。

Teaching Learning Managing

大学戦略・IR室（当時）の嶌田敏行は、機関別認証評価制度の導入当初から、現場の最前線でその対応をしてきました。その経験から、「1巡目はTeachingを見て、2巡目はLearningを見て、3巡目はManagingを見ている」（110ページ・図4）と述べています。

1巡目の認証評価では、従来から言われてきた「よい教員がよい授業をすれば、優れた学修成果が出る（はず）」という前提のもと、カリキュラムや授業内容がきちんと整えられているかが評価の軸となっていました。いわば教育体制の枠組みにほころびがないかをチェックして終わり、という感じでした。

ところが、大学に対する社会的な要求が強まる中で「外形的なカリキュラムが整備されていることと、実際に学生が何を学修したかは別ではないか」という批判が出てきます。そこで2巡目では「何を教えたのか＝Teaching」ではなく「学生が何を学んだか＝Learning」へと考えがシフトしていくことになります。つまり、視点が教員から学修者へと移ったのです。具体的には学修成果を測定して、その結果が評価の対象とされました。

この2巡目における学修者への視点の移行によって、学修データの収集が重要なミッションになってきました。しかし、全ての学生の学修成果を参照して学外者が評価をするのは物理的に不可能ですから、まずは学内で学生の学修状況をきちんとチェックできているか、すなわち各大学の「内部質保証」の取り組みを評価するという視点も入ってくるようになります。

そして3巡目では、この「内部質保証」がきちんと行われているかということが、主役へと躍りでました。

すなわち、次のような評価の観点が設けられたのです。

①すでに全大学に策定が義務づけられたディプロマ・ポリシー、カリキュラム・ポリシー、アドミッション・ポリシーという3ポリシーに照らして、教育・学修状況の調査ができているか。

②調査データを可視化して現場や執

図４：機関別認証評価制度の変遷

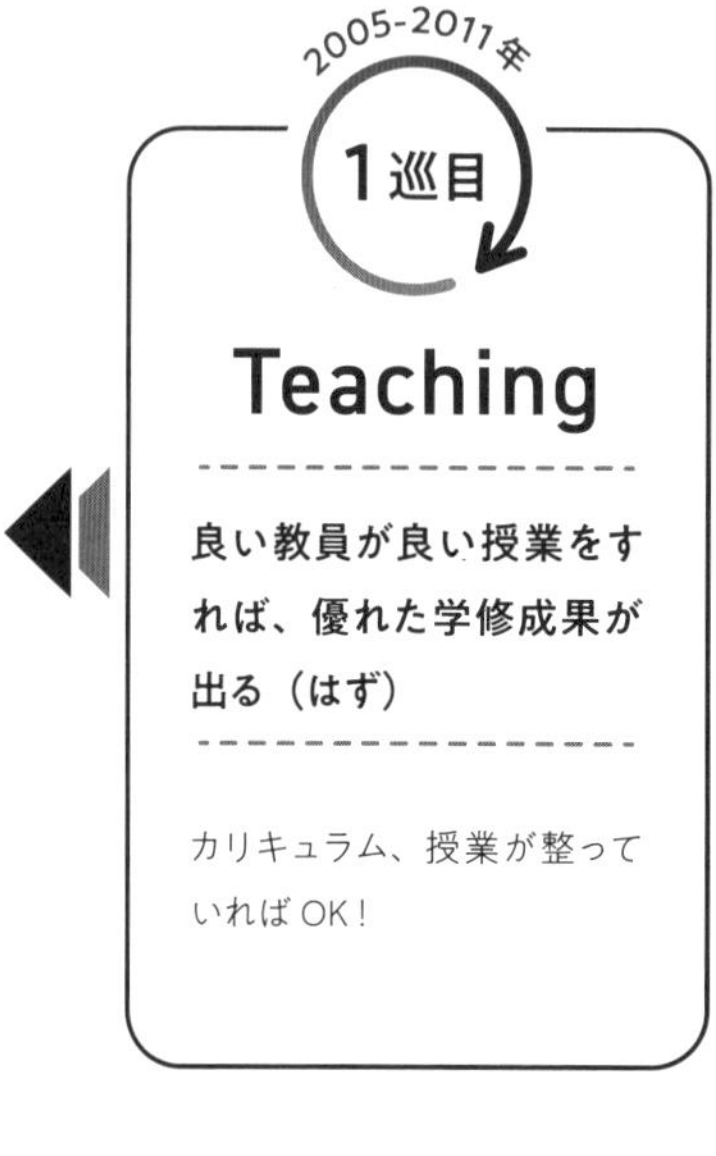
2005-2011年
1巡目
Teaching
良い教員が良い授業をすれば、優れた学修成果が出る（はず）
カリキュラム、授業が整っていれば OK！

行部に提供するＩＲ機能が働いているか。

③ 構成員全員が「質保証」への志向性を持って業務に取り組んでいるか。

いわば、評価の観点が「Managing」へとさらに移ったのです。３巡目の認証評価は２０１９年に始まりました。

「内部質保証」を重視する視点が生まれてきたことは、教育から学修へと評価の視点が移るプロセスと連動しているだけでなく、各大学・機関の教育活動に対する自律性を尊重したものともいえます。本来「高等教育が保証すべき質とは何か」については、各大学が自ら考えた

2012-2018年
2巡目
Learning
何を教えたのかではなく、
学生が何を学んだのか
学修者へ視点を移し、学修成果を測定。
2019年、
3巡目
Managing
組織的、体系的に点検評価を行い、
継続的、自律的に改善を行う
・目標（3ポリシー）に照らして、現状がどうなっているのかを調査。
・調査データを可視化して、各現場や執行部に提供（IR機能）
・全員に「質」マインドを組み込む。

うえで、現状をレビューし、その質を高めていくというのが自然です。「内部質保証」は大学にとって至極当たり前にやるべきことなのです。

ところが認証評価では、自律的に進めるべき「内部質保証」の状況を、外部の第三者機関がチェックするという、入れ子のような構造になっています。内発的な動機に基づかないような「内部質保証」の場合、課題の改善に対する大学自身のモチベーションは高まらず、その取り組みが形骸化するおそれがあります。

そうならないためにも、第1節で述べた「評価は誰のためのものでもない、自分たちのためのものだ」というマインドこそが、改めて大学関係者に強く求められるのです。

「学歴」偏重社会の問題点

大学の教育の質を評価、保証する視点が、教育者の立場から学修者の立場に移っているということを述べました。では、学修者の状況——学修データは、具体的にどのようなものとしてとらえられているのでしょうか。

ここでは、デジタル技術の進展にともなう最近の動きも踏まえ、「学歴」「学習歴」「コンピテンシー測定」という三つの視点を紹介します。

個人の教育レベルを評価するものとして日本で強く機能してきたものといえば、「学歴」でしょう。「学歴」とは言うまでもなく、どのような学校や教育課程を経験してきたか、という履歴の情報です。「学歴社会」というと、就職や昇進に学歴が偏重される社会構造を指します。その人の能力や個性よりも、最終の学歴の校種が何か、あるいは同じ大学卒業者でもどこの大学を卒業したのかということが、評価として重視される社会です。その結果として有名大学や高等学校への受験競争が過熱化するというような、ネガティブな文脈で使われることが多い言葉です。ここでは特に、大学名で評価が左右されるような「学歴社会」を考えてみます。

大学で何を学び、身に付けたかを重視せず、出身大学名で人の価値を測る。あるいは「卒業した」「その大学で学び終えた」ということよりも、大学入学前までに相当な努力をし、受験競争を勝ち抜いたという点から、その人の努力や資質を評価していると言ってもよいかもしれません。

日本では戦前から脈々と続いてきている「学歴」文化は、常に批判の的となってきました。実際、いくつもの問題を孕んでいます。

一つは、偏差値至上主義です。

就職で有利となる「学歴」を獲得するため、有名な大学に進学希望者が殺到する。すると、たくさんの受験者における個々のステータスが、「偏差値」によって可視化されるようになります。そして、それぞれの大学の価値が、合格者の「偏差値」の高さによって比較されるようになりました。受験者は、志望大学の「偏差値」に達するべく努力するのですが、結果としては高校3年生の終わりに到達した「偏差値」にもとづき、それに見合う大学を受験するかたちになっています。

「偏差値」で輪切りにされた大学観は、長らく批判の的になってきました。日本の大学政策、教育政策は、偏差値至上主義からの「脱却」を常に目標として掲げてきたところがあります。各大学が教育のポリシーを定めるという動きにも、そういう狙いがあったといえるでしょう。

ところが、現実として偏差値偏重からは脱却できていません。むしろ、少子化のもとで近年はその傾向が強まっているように思われます。

また、「学歴社会」の問題として、出身大学が重視される一方で「何を学んできたか」が軽視されがちなことが挙げられます。

大学生たちの使う有名なスラングに、「ガクチカ」があります。採用面接で必ず聞かれる「学生時代に力を入れたことは何ですか?」という質問を略したものです。学生たちは、この「ガクチカ」に対してインパクトのある応答ができるように努めます。部活やサークルには、「副部長」や「副サークル長」が何人もいるという奇妙な例があります。リーダーシップ体験を就活でアピールできるよう、そういう肩書きのメンバーを増やすのだと聞きます。あるいは、学業以外での活動を実績とするため、ボランティアなどの社会的な活動に力を入れる学生もいます。

一方、学生が文系か理系かで差はあるものの、採用面接で「〇〇学部で何を学びましたか」と尋ねられたり「卒業論文の内容を説明してください」と求められたりすることは、以前はあまりありませんでした。もっとも、近年では、「ジョブ型」への働き方の移行という動きと相まってか、企業も「何を学んできたか」に目を向けるようにはなってきています。その意味では、むしろ新卒者あるいは大学受験者の側に、学歴神話が根強く残っているのかもしれません。

さらにつけ加えれば、「学歴」の違いには、家庭の経済力による教育格差が密接に関係している点にも注意が必要です。これは一例ですが、東京大学の2020年度学生生活実態調査によれば、東京大学の在学生の世帯収入（学生の生計を支えている人の年間税込み収入）は、「950万円以上」が過半数の約54%に達しています。日本の世帯年収の中央値が430万円弱ですから、東大進学者の平均世帯収入はかなり高いといえます。

教育費にお金をかけられる家庭の経済力が、子どもの学歴と関係していることを示す研究は以前から多くあり、さまざまなデータも出されています。従業員の年収が高い企業が、高い「学歴」の求職者を積極的に採用すれば、それによって経済格差がさらに拡大あるいは固定化しかねません。こうした点からも「学歴」による人の評価は批判されてきたのです。

「学歴」に代わる「学習歴」とは何か

「学歴社会」の問題点が明らかになるにつれ、「学歴」に代わって新たに注目されるようになったのが、「学習歴」です。なお、本書では大学での学びについては「学修」という表記を使用していますが、「学習歴」という単語については現在汎用されている表記に従い、「学習」の漢字を使用します。

「学歴」が卒業した学校の履歴であるのに対し、「学習歴」は学んできた内容の履歴を指します。そもそもこれは、学校に通って学ぶといったフォーマルな教育を受けられない人の学習レベルを、どう評価するかという課題から生まれた考え方です。

例えば発展途上国には、経済的な要因や紛争などさまざまな理由で、正式な教育を受けられない人がたくさんいます。しかし、そのような人たちでも、生活経験を通して学んできていることはあります。学校に通い、卒業できなかったとしても、学修レベルを評価・

認証することにより、その人のキャリアとして役立てられないかという観点から「学習歴」という概念が検討されてきたのです。

先進国においても、「生涯学習」に関係してこの「学習歴」が注目されました。就学期の学校の履歴だけでなく、生涯にわたってさまざまな機会で学んだことを認証すれば、それをその人のキャリアとして活かせるのではないかという考えが出てきたのです。例えば、国民一人ひとりが「学習歴パスポート」を持つような施策も検討されています。

この「学習歴」と大学教育との関連で、現在盛んに議論され、ビジネス化もされているのが「マイクロクレデンシャル」というものです。「仮想学位」と訳されることもあります。

通常、学位は、大学が構成した一定の授業を学生がきちんと受講したことを証し、なおかつ卒業論文などの成果を評価したうえで大学が授与します。

これに対し、学位に相当する体系的な知識を、一つの大学ではなく、多様な教育機会を通じて学修した場合も、学位授与と同等に認証しようというのが「マイクロクレデンシャル」の考え方です。例えば経済学の学位取得に相当する知識体系として「○○論」「××論」「△△論」の履修が必要だとした場合、「○○論」はA大学、「××論」はB大学、「△△論」は民間の研修プログラムと、それぞれバラバラの機関で学んだとします。通常それでは特定の大学から学位が授与されることはないのですが、それでも単位相当の学修をしていることには変わりないということで、その学修経験を経済学の「学位」のようなものとして認証しようということです。

これは社会人の学び直しには特に便利な仕組みです。社会人が新たな学位を得たいと思っても、大学に入学して通うのはとても大変です。しかし、それなりの機関に「認証」された授業科目を、自分のスケジュールや関心に合わせてさまざまな教育機関で学び、なおかつ「学位」的なものがもらえるならば、学び直しのハードルはかなり下がります。

このため、「リカレント教育」「リスキリング」といったことが言われる中で、「マイクロクレデンシャル」に関しては、既にさまざまな「認証」システムやそれを担う機関、企業が出てきています。また、大学においても、自分たちの授業科目でそうした認証を得ようとする動きが顕在化してきています。それが企業の採用や昇進のプロセスにおいて「学位」と同じように機能するようになれば、どこの大学を卒業したかという「学歴」は、いよいよ意味を成さなくなるかもしれません。

また、オンライン授業の提供が増え、内容も充実していけば、一つの大学に入学するよりも、いろいろな大学や研修機関の授業を自分のペースで受講していく「学生生活」に、合理性を見いだす人も出てくるでしょう。今後、そうした高等教育のあり方が広がる可能性も濃厚です。

「コンピテンシー」の可視化

さらに最近は、授業科目の履修履歴だけではなく、身に付けた「能力」そのものを客観的に測り、認証しようという動きや技術開発も活発化しています。

「コンピテンシー」という言葉を聞いたことはありませんか。

日本語では「資質・能力」と訳されることが多いのですが、単純に知識量や技量を指すものではなく、いわば課題解決能力を指す用語です。職務において高い成果を出す人に共通する行動特性についての研究から生まれたもので、人材評価の尺度として活用されています。

このコンピテンシーに着目したＯＥＣＤ（経済協力開発機構）が、世界の持続可能な経済発展のために必要とされる個人の能力や特性を「キー・コンピテンシー」としてモデル化し、定義しました。身近な例で説明すると、有名なＰＩＳＡ（Programme for International Student Assessment）という国際学力調査は、このキー・コンピテンシー（一部）を世界で測定するために行われているものです。

２０００年から3年ごとに実査されてきたＰＩＳＡの結果は、日本の順位が上がった、下がったと毎回話題になります。各国の教育は、それぞれ別個の目的をもって行われているのですから、ＰＩＳＡの結果に過敏になることはないと思いますが、現実にはコンピテンシーの概念やキー・コンピテンシーのモデルは、わが国の教育政策にも大きな影響を与えるようになってきています。

そして今日では、ＡＩ技術の発達により、「コンピテンシーを測定できます」と謳う手軽なツールもたくさん登場してきています。例えば、スマホのアプリ上でいくつかの質問や問題のようなものに答えていくと、コンピテンシーのいくつかの項目が数値で表示されるようなツールです。回答の内容はもちろん、回答にどれくらい時間がかかったか、指の動きはどうだったかといった入力時のデータと、アプリの運営会社が持つビッグデータとを照合してその数値をはじき出します。ＳＮＳの友達の数やコミュニケーションの頻度といったデータなども活用すれば、さらに複雑で客観性の高い評価結果を出すことができるでしょう。

このようなコンピテンシーの測定や可視化が進むと何が起こるでしょう。

例えば、企業は採用の場面で、履歴書を見るよりもコンピテンシーの数値を見たほうが、自社に見合う人材を選びやすくなります。実際、大企業はこうした技術に対する投資を進めており、技術もどんどん進化していると聞きます。

こうした技術やサービスが広がるにつれ、学生たちのコンピテンシーを測定し、その結果を保証できるような教育を行うことを、「教育の質保証」としてアピールする大学もあります。学修者視点に立った質保証という点では、一定の合理性はあります。

しかし、世界共通の指標で測れるようなコンピテンシーを全ての学生に獲得させることを目標としたとき、その目標は各大学に固有の教育の取り組みやその根底にあるさまざまな学問と、齟齬をきたすことはないのでしょうか。それとも人びとは効率よくコンピテンシーを獲得する道を志向するようになるのでしょうか。

学習歴やコンピテンシー測定の動きは、学修とは何か、学校とは何か、ということを、改めてより深いレベルで問うているといえます。それが世界の教育の姿にどのような影響をもたらすのか、注視していく必要があるでしょう。

法人化後の「補助金」の波

ここまで教育・学修の達成状況の可視化のトレンドを確認してきましたが、では、茨城大学独自の「教育の質保証」のシステムの構築はどのように進んだのでしょうか。その萌芽はずっとありましたが、システムとしての確立にあたっては、文部科学省の補助金事業が一つの契機となりました。

ここで再び、国立大学の法人化の頃に話を戻します。

国立大学法人化によって最も厳しい影響がもたらされたのは、先述したように大学の運営資金の問題でした。国より措置される運営費交付金の額が、毎年1%ずつ減らされていったのです。法人になったのだから、経営を合理化しつつ、必要ならば自分で稼げということです。当然これには各大学から反発が起きました。

そこで国は運営費交付金を減らす代わりに「良い施策には資金を出します」というプロジェクト型の補助金をどんどん増やしていきました。これにより、各大学の改革や野心的、独創的な取り組みを促そうという狙いもありました。そして毎年のように、大学に対して国からいろいろな「補助金」「助成金」の募集が降ってきました。

そうすると、国立大学にとっても、次々にやってくるプロジェクト型の補助金の公募にいかに機敏に対応し、申請できるかということが重要になります。これまた法人化前にはあまり意識することがなかった、戦略的な企画や運営が求められることとなったのです。

茨城大学は、こうした動きにうまく乗れずにいました。個別の教員の取り組みが助成を受けることはあっても、組織的なマネジメントがなかなか機能できなかったのです。ただその中で、割とうまく対応してきたのは農学部でした。

農学部ではまず、学部附属農場のチームが中心となって企画した「自然共生型教育プログラム」が「現代的教育ニーズ取組支援プログラム（現代ＧＰ）」に採択されました。その後、２００７年に、大学院の農学研究科で「大学院教育改革支援プログラム（大学院ＧＰ）」の採択に成功。さらに翌年には、大学院での取り組みをベースとして、農学部も「質の高い大学教育推進プログラム（教育ＧＰ）」に採択されました（「ＧＰ」というのは他の大学のモデルになるような「Good Practice」の略です）。

農学部の大学院ＧＰの取り組みは、以前よりインドネシアからの留学生が多かったことを踏まえ、東南アジアを中心とした教育の国際交流を進めていくというものでした。ちなみに、後に第16代学長となる太田寛行も、当時は農学部の教員としてこれらの動きに深く関わっていました。

この農学部のチャレンジを皮切りに、ようやく他の学部や共通教育の分野でも、少しずつ「ＧＰ」を冠した補助事業に申請する動きが出てきました。とはいえ、この段階ではまだ、全学の力を結集して戦略的に補助金を獲りに行くという雰囲気ではありませんでした。組織ではなく「点」の動きにとどまっていることが、文部科学省の担当者の目には、「何もしない大学」として映っていたのかもしれません。

茨城大学が全学的なプロジェクトを組織して、教育改革のための大きな補助金プログラムの採択を得るようになるのは、この農学部での動きから約10年も後のことです。

大学戦略・IR室の始動

２０１４年9月に学長に就任した三村信男は、組織的な動きがうまくいっていない茨城大学の現状に強い危機感を覚えていました。この間、他の国立大学では、文系・理系の枠を越えた特色ある学部なども続々と計画されていました。茨城大学は、明らかに後れを取っていました。

三村は、全学一丸となった改革とマネジメントが必要だと考えました。茨城大学が何を課題と認識し、どのような改革を進めようとしているのかを構想としてまとめ、文部科学省の担当者にプレゼンテーションしました。

その取り組みを担う管理運営部門の組織として、三村の強い思いによって誕生したのが「大学戦略・ＩＲ室」です。法人化のとき、田切らがつくった「評価室」が、戦略的大学運営とＩＲを担う組織としてリニューアルされたのです。

冒頭で述べたように、この頃は全国の大学で、ＩＲを担う専門部署の設置や専門教職員の任用が進んだ時期でした。けれども「ＩＲ」を名前に直接冠した組織はまだ少なく、ましてやその「ＩＲ」と「戦略」を組み合わせ、大学運営の核とする明確な動きは他大学ではあまり見られませんでした。

教員の仕事を長く務め、学長選考を経て就任する国立大学の学長は、必ずしも経営や高等教育の最新事情に明るいわけではありません。むしろ、あまり詳しくないというほうが実情に近いでしょう。当時、「ＩＲ」の概念は、確かに高等教育論や政策の文脈ではさかんに言及されていましたが、この時期に就任した大学の学長たちが「ＩＲ」に関心を持っていたかというと、決してそうではないのです。

三村は、ＩＲの機能が大学の運営戦略上重要な位置を占めることを、学長就任前から強く意識していました。背景には、気候変動に関する国際的な研究プロジェクトをマネジメントしてきた経験があります。マネジメントとは何か。戦略とは何か。それを政策・施策レベルまで落とし込み、実現させるための要点は何か。これらを、経験を通して理解していたのです。

また、これは偶然に過ぎませんが、三村は2代前の菊池龍三郎学長の執行部の中で、学長特別補佐を務めていました。このとき同じく学長特別補佐を務めていた一人が、理事・副学長の任からは退きつつも、引き続き評価の仕事を担当していた田切美智雄でした。

この二人は当時、同じ執務室を当てがわれていました。田切のもとに集まり、さまざまなデータを集め、活用し、各部局とコミュニケーションを重ねながら評価業務を進めていく評価室のメンバーたちの動きを、三村は間近に見ていたのです。時には、会話に加わることもありました。こうして「ＩＲ」への理解、関心を深めていったのです。

三村は、大学戦略・ＩＲ室の初代室長に、農学部の教育改革を熱心に進めていた太田寛行（後の学長）を指名しました。さらに、教育学部で評価業務を担い、それに関連した研究論文も執筆していた木村競を、教育担当の学長特別補佐に就けました。

ところが大学戦略・ＩＲ室の立ち上げ当初は、機関別認証評価への対応、２０１６年度から始まる第３期中期目標期間へ向けた目標・計画づくり、さらに各学部の改組に関する作業に追われ、手一杯でした。大学教育センターを廃止し、新たな全学教育機構を立ち上げ、その一部門で教育のマネジメントを組織的に進めるという構想はできていました。しかし、具体的な体制づくりにはなかなか着手できませんでした。

大学教育再生加速プログラム

そうした中、文部科学省からの「大学教育再生加速プログラム」という補助金事業が、三村の目にとまりました。

「再生」って何？　と思うところですが、文部科学省のホームページによれば「国として進めるべき大学教育改革を一層推進するため、教育再生実行会議等で示された新たな方向性に合致した先進的な取組を実施する大学を支援することを目的としています」とのこと。この「大学教育再生加速プログラム」は、「Acceleration Program for University Education Rebuilding」の最初の2単語の頭文字をとって「ＡＰ」と呼ばれます（「アドミッション・ポリシー」と混同しそうですが、本節で「ＡＰ」と書いたときはこのプログラムのことを指します）。

このＡＰ、最初の募集は２０１４年度でした。このときは、「テーマⅠ：アクティブ・ラーニング」「テーマⅡ：学修成果の可視化」「テーマⅢ：入試改革・高大接続」という三つのテーマでの募集でした。翌２０１５年度は「テーマⅣ：長期学外学修プログラム」です。こうしてテーマを追うと、この数年の大学教育改革のトレンドが見えてきます。

そしてさらに翌年、２０１６年度の募集は「テーマⅤ：卒業時における質保証の取組の強化」。三村はこれに目をつけました。ＩＲの機能を活かした教育マネジメントの体制構築という、自らのビジョンを具体化するうえで、このテーマはピッタリだと考えたのです。

この申請書作成の担当者として白羽の矢を立てられたのが嶌田敏行です。

初代評価室長の田切の秘書的な立場で大学評価に従事してきた嶌田は、当時は大学評価や内部質保証を担当する教員として任用されていました。評価室から大学戦略・ＩＲ室へとリニューアルしてからも同室所属の教員という位置にいましたが、全学教育機構の発足後はそちらへ所属が移ることになっていました。

この頃学内では、全学教育機構の発足へ向けて、四つの部会に分かれた準備会合が開かれていました。その一つに「質保証部会」があり、嶌田はその部会長を担当していました。このとき嶌田自身が実感していたのは、大学全体の管理運営部門である大学戦略・IR室がいくらがんばっても「それだけではマネジメントは回らない」という現実でした。

「2巡目の機関別認証評価で痛い目に遭ったんです。僕らは調査員に対して内部質保証の説明がちゃんとできなかったんですよ」と嶌田は当時をふり返ります。

2005年に始まった7年ごとの機関別認証評価は、このとき2巡目を迎えていました。一方、2019年度に始まる3巡目の評価からは「内部質保証の体制によるマネジメントが機能しているか」という観点が入ることが、2巡目の途中で見通されていました。そこで2巡目の評価でも、それを一部先取りするようなかたちで内部質保証体制についてもチェックがなされたのです。

第1節で述べたように、大学教育センターや各学部においてすでに授業アンケートなどの仕組みは整っていました。工学部ではJABEEという技術者教育分野の外部質保証も導入していました。しかしその実態は、各学部や組織の長、現場担当者との間の個人的なそれぞれのコミュニケーションの集合によって、なんとか成り立っているようなものでした。うまく記述すればそれらしくは見えるものの、「システム」といえるほどの盤石さは持っていなかったのです。この脆さを、2巡目の機関別認証評価では、見事に看破されてしまいました。

「一方の大学戦略・IR室は概念が先行しているところがあり、他方で各現場は属人的な理解や点のつながりで、なんとかやり過ごされていたという状況でした。これではダメだ、その間をきちんとつなぐシステムをつくらなければいけない。現場の先生たちが質保証に参加する仕組みをつくらなければ、という思いを強く持つようになりました」（蔦田）

その後、全学教育機構の発足へ向けた「質保証部会」の会議を通じて、あるアイデアが生まれました。それは学内4階層での内部質保証システムです。

4階層とは、①教員個人、②学科やコース、③学部、④全学です。それぞれの階層で教育の状況を自己点検し、それを既存の教務関連の委員会などの業務に組み込むのです。その上で、各階層間での縦のレビューも機能させようというものでした。整理すると次のようになります。

［1階層］ 教員個人／授業アンケートの結果で示される理解度や満足度などの評価を踏まえ、自らの授業がどうだったかを点検する。

【2階層】学科やコース／相互にシラバスの内容をチェックし合ったり、複数の教員で分担している同一名の科目間での評価の観点や成績分布のすり合わせを行ったりする。

【3階層】学部／各学科・コースの点検状況の報告を受けながら、学部としての改組の検証や改善の検討を行う。

【4階層】全学／3階層までの結果を学部間で共有することにより、全学レベルでの教育の質保証・質向上につなげる。

この4階層モデルの狙いは、学部の中の教務委員会や、全学の教育改革推進委員会などの機能を、実際の教務組織と明確に関連づけることで、各組織のルーティンワークと接続させることにあります。これにより概念先行ではなく、実質的・組織的な「内部質保証」体制を機能させることができると考えたのです。

この構想にタイミングを合わせるように、2016年、大学戦略・IR室長を務めていた太田は、教育を統括する担当の理事・副学長となりました。嶌田もかたちのうえでだけ発足していた全学教育機構に所属することが決まりました（嶌田の就任は同年7月）。

大学戦略・IR室の担当だった太田・嶌田の二人が教育部門へ移り、いよいよIRと実際の教育マネジメントとを合流させる基盤ができたところに、先の「テーマV：卒業時における質保証の取組の強化」の「AP」募集という契機が訪れたのです。

嶌田はそれまで構想してきた4階層の質保証モデルをもとに、短期間で申請書を仕上げました。そして結果は「採択」となりました。茨城大学においても、全学レベルでの改革の取り組みと連動した大型の補助金獲得を成し遂げることができたのです。

学修成果をどう測るのか

4階層で学修成果を点検し、改善につなげる仕組みを、実際の教育マネジメント組織のルーティン業務に組み込み、内部質保証を具現化するというアイデアが固まりました。しかし、実施の枠組みはできても、それだけでは質保証はできません。「学修の成果」をどう評価するのかが肝心なのです。

APの「テーマV：卒業時における質保証の取組の強化」には、茨城大学以外にもたくさんの大学から申請がありました。どの大学も「学修成果をどう定義し、どう測るのか」という問題にぶち当たっていました。というよりもこの課題、実は世界中の大学でずっと議論されてきたことなのです。

例えば、学修成果を測る代表的な指標として文部科学省からも例示されていたものに、「GPA」があります。「Grade Point Average」の略語です。学生の各科目の成績の合計を基に算出した平均値ですね。

GPAについて理解するためには、アメリカの大学における学修成果の評価の歴史を見ていく必要があります。もともとアメリカの大学では、学生の成績をナラティブ・グレード（Narrative Grade）で付けていました。これは、ナラティブ（narrative）、すなわち学生の達成状況に関する物語的な所見によって成績を表現するというものです。これは学生にとっては自分の学修の達成状況をつかみやすいものの、教員にとっては全ての学生のナラティブ・グレードを記述することは大変な作業ですし、学生間の比較もできませんでした。

そこで、レター・グレード(Letter Grade)に移行します。レター(Letter)は文字記号です。つまり、A＋とかAなどの評語を用いて成績を表現する、という私たちにとっておなじみの方式が採用されたのです。これは、A＋やAがどのような状態を示すのかという成績評価基準を予め定義しておけば、教員も簡便に成績を付けられて、学生にとっても理解しやすい。しかし、これだけでは、学生の一定の在籍期間中の学修達成状況を理解したり、全学的なレベルでの把握や比較には不十分でした。

そのレター・グレードを経て、A＋やAといった各評語に数値を対応させ、その平均値を求めることにしたのがGPA、すなわち評価段階（Grade）を数値（Point）化して平均（Average）をとる、というものです。

例えば、A＋を4点、Aを3点、Bを2点、Cを1点、D（不合格）を0点としましょう。ある学生が科目①でAをとったら、GPは3点ということになります。さらに科目②はA＋で4点。そうすると、この2科目の成績の平均値であるGPAは、（3＋4）／2＝3・5ということになります。こういう数値を、一定期間で単位を取得した履修科目の成績から計算する仕組みです。この成績指標はほとんどの大学で取り入れられていて、茨城大学でもGPAの高さに基づいて成績優秀学生を表彰する制度があります。例えば、大学の一つの学年の全ての学生のGPAを算出すれば、それが年度によって上がった、下がった、ということを比較することもできるでしょう。

あるいは先述したように、民間企業等が提供するツールを使って測定したコンピテンシー指標を採用する大学もあります。実際、これらのツールの普及にビジネスチャンスを見出している企業もたくさんあり、ネットで検索すればさまざまな評価ツールを見つけることができると思います。

また、大学の教育の状況を把握するという点では、「卒業率」に焦点が当たることがあります。卒業率が高いということは、その学年に中途退学者や留年者が少ないということ。

すなわち、多くの学生がきちんと大学に通い、求められている単位を取得して卒業できるよう、大学が適切な教育を行っている、ということが見てとれるわけです。茨城大学を含む多くの大学では、「1・5倍卒業率」という指標を採用しています。通常、4年制の大学であれば、どのぐらいの割合の学生がちょうど4年間で卒業できているか、ということが気になります。4年間での卒業率を見た場合、中途退学者や留年した学生はそこから排除されます。しかし、留年した学生たちの中には、海外への長期間留学やじっくりとした学修に取り組むなど、学修意欲がむしろ高いような学生もいます。そこで、4年間での卒業率ではなく、その1・5倍の6年間という幅で卒業率を見ることで、これらの留年者等の存在も一定程度カバーしようというわけです。

このように、学生の学修状況、大学の教育状況を総合的にとらえる指標はいろいろとあるのですが、いずれにもメリット、デメリットの両面があります。GPAでは、授業科目間の成績基準の違いが問題になります。また、民間のコンピテンシー測定ツールで測ったものは、大学の教育目標との関係が不明確です。卒業率も、学費収入の見通しを立てるという、大学運営の目的に鑑みると重要ですし、教育のマネジメント上は有用ですが、その高さだけで大学における学生たちの学修成果を表しているかといえば疑問が残ります。

このように学修成果を可視化する方法は千差万別なのですが、太田や嶌田たちが考えたのは、「学生たちに直接聞いてみよう」ということでした。「あなたは○○ができるようになったか」ということを、学生自身に質問してみるという作戦です。

この質問の「○○」に入るものは何か？　茨城大学の学生たちには、何ができるようになってほしいのか。

ここで思い出してください。茨城大学の学生であれば、ぜひともこれを身に付けて卒業してほしい——そういうものを茨城大学はすでに定義していたはずです。

そう、第2節で紹介したディプロマ・ポリシーです。もう一度、そこに掲げられた5要素を見ておきましょう（全文は61ページ参照）。

①世界の俯瞰的理解
②専門分野の学力
③課題解決能力・コミュニケーション力
④社会人としての姿勢
⑤地域活性化志向

ディプロマ・ポリシーには、「茨城大学を卒業する学生は、どの分野で学んだとしてもこれらの知識・能力を備えていることが必要である」と謳われています。ならば、学修成果を測るにも、これらを身に付けたと思うかどうかを学生に尋ねればよい。ごく自然な発想です。

すでに触れたように、当時の学長であった三村は、教育目標としてのディプロマ・ポリシー策定に際して、このことを強く意識していました。つまり「目標は、評価可能なものでなければいけない」と最初から考えていたのです。そのため、理念的な文章が続くポリシーではなく、項目化が可能な箇条書きのポリシーにしたのです。

また、教育の評価において、三村が「学生の主観的評価」にこだわったことも、前節で紹介しましたが、これをもう少し深掘りして考えてみましょう。

「コミュニケーション能力」のようなコンピテンシーが、さまざまな技術やアルゴリズムを使って数値化できるようになってはきています。けれども、それを個人が自分の能力として活用するには、まず自分にその能力があると主観的に認識することが必要です。自分に信じ込ませるわけです。

例えば「50センチメートルの高さまでジャンプする能力」ならば、他人が正確に測ることができます。ところが「他の人と積極的にコミュニケーションをし、協力する能力」はどうか。相性の良いAさんが相手であればできるけれど、それが苦手意識のあるBさんの場合うまく対応できないというように、相手や環境によってもその能力の発現はずいぶん異なります。

あるいは、仮に共同作業によってすばらしい作品が出来上がったとします。その出来具合を評価すれば、その人の「他の人と積極的にコミュニケーションをし、協力する能力」を測ることになるでしょうか。実際には、その人が共同作業においてどのような役割を担い、それを遂行していったのかを、つぶさに見ていかなければ測定できません。

一方、他人とうまく話ができないタイプだと感じている人が、自身のことを「私、コミュ障（コミュニケーション障害）なので」などと言うことがあります。その人は医師から「コミュニケーション障害です」と診断されたわけでもないけれど、自己を「コミュ障」として認知しているのです。

ところが、その人があるアプリを使って「コミュニケーション能力」を測定したところ、思いのほか良い数値が出たとします。その結果が自信につながり、以前よりもスムーズなコミュニケーションができるようになるということは考えられないでしょうか。

このケースで重要なのは、そのアプリの能力測定の正確さとは関係なく、アプリによる評価という外部からの情報によって、自己に対する認識が変わり、結果として「能力」が発現したということです。

このケースが示唆するのは、評価はそれ自体が「能力」を引きだすという点で、学修として機能し得るということです。ある種の「能力」は、自身を別の形に認識しなおすことにより、意識的に活かすことができるのです。

繰り返すと、成果・能力の可視化、評価は、それ自体が学修や能力の習得をもたらす。コンピテンシーの「科学的」測定も、その数値自体の価値より、その数値によって人の意識や行動が動かされ、エンパワーされることのほうに価値がある。そういうふうに考えられないか、ということです。

ここから、教育の評価は本質的に主観的なものだと考えるに至ったのです。

ディプロマ・ポリシーの達成度を測る

誤解を避けるために付け加えておくと、茨城大学の卒業認定やその質保証自体は、先に示した4階層のシステムからも分かるように、ディプロマ・ポリシーに対する学生の自己評価だけでなく、より複雑な要素を組み合わせた測定や点検によって成り立っています。

その一方で、教育を統括する担当の理事・副学長として、質保証の事業を統括していくことになった太田も「主観的評価」の考え方を強く意識していました。

先述のＡＰ「テーマⅤ」では、多くの大学が民間機関のコンピテンシー測定ツールを質保証の指標として採用していました。対して茨城大学はそれとは明確に異なる方法を採用しました。

われわれは全ての学生が卒業時までに身に付ける要素をディプロマ・ポリシーとして掲げ、それに基づいてカリキュラムも構成している。だから、ディプロマ・ポリシーに掲げた要素の達成度を測らなくては、大学の教育評価の意味がない――太田は、そう主張したのです。

仮に、ディプロマ・ポリシーに基づく授業を展開していながら、その学修成果を別のコンピテンシー指標で評価するようなケースを考えてみましょう。

ただでさえ、コンピテンシー指標を用いた評価には、それだけでは人の能力や資質を一概に決めつけられないという限界があります。また、一見分かりやすいコンピテンシーの指標にふり回され、先ほど述べた「自身の再認識」という内面的なエンパワーメントが見過ごされるおそれもあります。そのうえ、教育目標と評価指標が別建てでは、教育のマネジメントはきわめて複雑化し、教育改善の行き場を見失いかねません。

「結果的に茨城大学は独自路線となったのですが、われわれ自身としては、これでいくという発想しかありませんでした」と太田はふり返ります。

しかしながら、ディプロマ・ポリシーの達成度を学生に聞くというアイデアが、本当にうまくいくのか、教育の質保証の核として機能するかは、正直に言えば、実際に測ってみないと分からないところがあります。そこで「四の五の言わずに、まずは測ってみましょう」ということになりました。

学生については1、2、3、4年の各年次と卒業時。それから、卒業して3年後にも追跡して聞いてみる。さらに学生だけでなく、学生の就職先の企業にも「茨城大学を卒業した学生は、ディプロマ・ポリシーの5要素が身に付いていますか?」と尋ねてみよう。

そうすれば、学生の自己評価に外部的な評価も加わり、客観性、信頼性が高まります。APの採択が決まり、リサーチャーを採用したりアンケートシステムを整えたりして体制を整備し、実際に調べてみました。

その結果、1年次よりも2年次、2年次よりも3年次……、というかたちで、学年が上がるとディプロマ・ポリシー各項目の達成度の平均値も上がっていることが確認されました。

もし、そのような上昇傾向が見られていなかったら、「ディプロマ・ポリシーの達成度を、学生に聞いてみる」というアプローチはその時点であきらめ、他の指標や測り方が検討されたことでしょう。しかし、幸いにも目に見える成果が確認され、これは充分に使えそうな指標だという手応えを得ることができたのです。

こうして、ディプロマ・ポリシーの達成度の自己評価に重点を置いた4階層の質保証という、茨城大学独自のシステムが動きだしました。

とは言うものの、この時点ではまだ、これからこのシステムが実際の教育においてどう機能するのか、本当に教育の質保証・質向上につながるのか、その結果は神のみぞ知るという状況でした。

4 質保証の現場と物語の力
―データの「弱い活用」とコミュニケーション―

質保証の現場は今、どうなっているか

教育の質保証を、教員たちは
どう受け止めて取り組んでいるのだろう。
茨大型教育マネジメントを特長づける、
データの「弱い活用」とは？

全学部の担当者が登壇したFDから

大学における教育マネジメントにとって重要なのは、その教育能力を組織的に高めていくことです。初等教育や中等教育の教員は、教員養成のトレーニングを受け、教員免許を取得して教壇に立っています。一方、大学教員の多くは、教育学部などで教育に関する専門的なトレーニングを受けてきたわけではありません。とりわけ近年は改めて研究力の強化が謳われており、研究の業績をつくることに、より多くの時間を割くよう求められている状況です。

そのような中で、教員の属人的な素質や努力に依存するものではなく、大学という組織として教育の質を確保しようとするならば、教員の教育面のトレーニングも大学としてきちんと取り組まなければなりません。

そうした課題意識から、大学において「ＦＤ」という活動が重視されるようになりました。アルファベット2字の略語がやたらと多い大学業界ですが、ＦＤは「Faculty Development」の略です。さらに、ＳＤという言葉もあり、こちらは「Staff Development」の略。大学教員や大学職員の専門的能力や資質の開発・向上を目的とした学内研修の取り組みを指す言葉です。教育の質保証において、「ＦＤ」「ＳＤ」はきわめて重要な活動といえます。

ここで時計の針を2022年5月へ、一気に進めます。

茨城大学では「茨城大学における教育の質保証と今後の教育改革」と銘打った全学的なFD・SDが開かれました。オンラインで行われたこのFD・SDには、約500人いる教職員のうち、300人以上がライブで参加。その後のアーカイブ配信により、さらに多くの教職員が視聴しました。

第3節で述べたように、茨城大学は文部科学省の補助事業として、ディプロマ・ポリシーの達成度を核とした4階層の質保証システムを構築しました。

そのシステムがスタートしておよそ5年が経過した段階で、各学部・部局の担当者が「うちではこんなふうにやっています」「こんな課題があります」といった現況を共有するというのが、今回のFD・SDの趣旨です。その報告内容をここで紹介し、質保証の「現場」で何が起きたのかを感じとっていただこうと思います。

ディプロマ・ポリシーを確立し、全学教育機構を整備したうえで進められたカリキュラム改革によって、それまで「教養科目」として位置づけられていた共通教育は、「基盤科目」として再編されました。まずは「基盤科目」を統括している全学教育機構からの報告です。

基盤科目は、人文社会系、理工系を含むあらゆる分野の授業で構成されています。そのため、共通のフォーマットで授業の相互評価を行うのはなかなか困難です。そこで、それぞれ共通の方向性を持った授業同士をまとめて12のカテゴリをつくり、それぞれに部会を設置しています。

4階層質保証の手順にしたがって、教員はまず自分が担当する授業について自己点検を行い、その結果を関係する部会に報告します。そして各部会とその母体である全学教育機構という、それぞれの階層でFDを行っています。

授業内容が幅広い基盤科目ですが、基盤教育の基本方針が定められており、それに基づく大学共通教育ガイドラインも作成されています。FDでは、基本方針とガイドラインに沿った授業がきちんと実施できたかをチェックします。

全学FD・SDで報告を行った共通教育部門長の篠嶋妥教授（工学部所属）は、「基盤教育の多様性を踏まえた体制での質保証の形ができつつある」としたうえで「同一名の科目における難易度の調整が課題」と述べました。「質保証」という視点に鑑みて、これは重要な点です。

全ての学部の学生が履修する基盤科目ですから、同じ科目をさまざまな学部の教員が担当している場合もあります。このときに、A先生の授業よりB先生の授業のほうがいい成績を取りやすいというようなことがあり得ます。その偏りをできるだけなくしていくのが質保証上の一つの課題です。そのためにはA先生とB先生が相互に成績の分布を参照しながら「こういう学生はA評価にしているけれど、そちらはどうですか?」といったすり合わせが必要になります。この協議がまさに、質保証を具体化していく現場の姿だといえます。

続いて各学部の取り組みを見ていきましょう。

すでに述べたように、教育の質保証には、外部の認証機関、評価機関による「外部質保証」と、学内の教育マネジメント体制のもとで行われる「内部質保証」とがあります。

「外部質保証」にどのようなものがあるかというと、例えば「JABEE(Japan Accreditation Board for Engineering Education, 通称「ジャビー」)」がそれに当たります。技術者を育成する教育機関が、教育の体系性や一定の教育レベルが確保していることを認証するものです。「JABEE」は認証機関の名称で、正式には一般社団法人日本技術者教育認定機構といいます。

茨城大学では、工学部がこのJABEEの認証を受けています。

工学部は、全学の教育マネジメント体制が整うかなり前から、独自にJABEE認証への取り組みを進めていました。その背景には、バブル崩壊後の就職難の中で、技術者教育の質をきちんと確保し、信頼を高めなければならないという危機感がありました。

工学部においては、ルーティンの教務を担う教務委員会とは別に「教育改善委員会」という組織を設け、体系的な点検・評価、FDを行ってきています。報告者の横木裕宗教授は、こう述べました。

「ＪＡＢＥＥは国際的にも通用する質保証システムです。受審は大変ですが、質保証のための評価の仕組みをみんなが知ることができるという点で、現場にとってプラスになっています」

ＪＡＢＥＥ認証の経験によって、学部内で教育の質保証に対する理解が、かなり先行して共有されていたことが分かります。その素地があり、全学での内部質保証体制にも無理なく対応できたと言います。

さらに現在では、工学部独自の動きとして「産学連携カリキュラム改良委員会」という組織も設けています。ここには学生の就職先となるような企業等からの外部委員もいます。その協力を得て、カリキュラムの点検や学科の教育目標に関する意見交換をしています。課題は、こうした複層的な質保証の仕組みについて、できるだけフォーマットやフローを統一し、作業負担を減らすことだと横木は報告していました。

工学部と同様、長く独自に質保証の取り組みをしてきたのが理学部です。茨城大学の評価、内部質保証のシステム構築に尽力した、初代評価室長の田切美智雄が所属していた学部です。全学ＦＤ・ＳＤで報告を担当した下村勝孝教授が「いつ始まったんだっけ？　もう覚えていないくらい」と言うぐらいずっと前から授業アンケートに取り組んできています。

そのような経緯があるので、全学の質保証システムが構築されてまず良かったのは、授業アンケートのシステムが統一され、オンライン化されたことだと下村は述べました。アンケート回答の収集・集計は手のかかる作業ですが「一挙に課題が解消されました」とのことです。

学部内では年2回、さまざまなテーマを立ててＦＤを開催しているそうです。報告時の直近の例では、成績評価に対する学生からの異議申し立て制度への対応や、学期内における履修単位数の上限を定めるＣＡＰ制度などがテーマに取り上げられています。特に年度末3月のＦＤは、その年度をふり返る良い機会になっているそうです。日々の教育業務における素朴な疑問や課題を取り上げながら、主体的にＦＤに取り組んでいる様子が伝わってきます。

下村によれば、理学部の教員たちは、各種のデータが示されると、自ずと議論が盛り上がるようです。

「全学教育機構にお願いするといろいろなデータを出してもらえます。理学部の教員はそれらを見ると結構食いつきます。そんな具合なので、自主的な点検・改善がだいぶ進んでいるのではないでしょうか」（下村）。

続いて教育学部。教育学部の授業科目のほとんどは、その履修が教員免許取得の要件になっています。そのため内部質保証以前に、教員免許状に必要な教職課程を構成する科目として適切かどうかを判定する「教職課程認定」を受けなければなりません。全学FD・SDで報告を担当した野崎英明教授は「その制約と自己点検評価との兼ね合いに難しさがあります」と吐露しつつ、効率的・効果的に点検を進めるため、教室（免許科目等に対応した教員組織の区分）単位のFDでは、毎年テーマを決めて点検評価を行うようにするなどの工夫をしていると述べました。

一方、教室横断のFDとして、「研究カフェ」という独自の取り組みの紹介もありました。この「研究カフェ」が盛り上がりを見せており、実際にそこでの議論をきっかけとするプロジェクトで、外部の研究費の獲得も増加したそうです。分野を横断した教育に関する議論が研究の活性化にもつながった例といえます。「小中学校でも教科横断ということが求められていますから、こうした取り組みを学部としても大事にしたい」と野崎は話していました。

人文社会科学部では「4階層」ではなく、さらに1階層増やした「5階層」で質保証に取り組んでいます。「教員個人→7メジャー（主専攻分野）→3学科→学部→全学」という構成です。また、全学で実施しているものとは別に、独自の卒業時アンケートも行っているなど、特色ある取り組みをしています。鈴木栄幸教授が報告した具体的な改善事例が印象的でした。

鈴木によれば、テクニカルな改善については教務委員会が、カリキュラム全体や学部のコンセプトに関わるような改善は将来計画委員会という組織がそれぞれ対応しています。

例えば学部の改組にともなって、多様性を求める入門科目と体系性を重視する専門科目との接続が問題になりました。このときは、将来計画委員会で検討した結果、「科目ゾーニング方式」という仕組みの立案につながったそうです。また、コロナ禍で取り入れられたオンライン＋対面のハイブリッド型講義がうまくいかないという現場の声があがると、教務委員会で実用性の高いマイクスピーカーを購入して貸しだすシステムがすぐに整備されました。

独自の卒業時アンケートでは、サブメジャー（副専攻）のうち、一つのプログラムの満足度が他と比べて低いことが分かり、学生への聞き取りなどを実施。その結果、そもそも同プログラムの狙いと、同プログラムに対する学生の理解との間で食い違いが生じていたことが判明しました。今後はガイダンスでの説明を強化していくとのことです。

鈴木は付け加えて、こうも語りました。

「そんなチャチなこと……と思うかもしれませんが、ＦＤは大上段に構えて行うものではなく、自分の周囲で何かが変わっていく実感を得られるようなもののほうが楽しいのではないでしょうか。理念的なものより、動詞ベースの、アクチュアリティのあるものにしていくことが大事だと思います」

最後は農学部です。農学部と大学院農学研究科は、２０１７年4月に改組されました。学部には海外研修を必修とするコースができ、研究科にも全て英語で授業を行うコースが新設されるなど、国際性を意識しています。そうした大きな改革の中で、理念と現実との間にギャップが生じていないかが、点検の重要な視点になっていると言います。そこで実際に見えてきたのが、次のような課題でした。

「幅広い分野を身に付けてほしいという理念があったものの、実際には他分野の科目の履修が困難な面があった」

「英語開講のコースでは、現実的に開講できる授業数に限界があり、履修の自由度が低くなっている」

また、コロナ禍の影響を受けた２０２０年度からは必修の海外研修ができなくなり、代替策の対応にも追われました。

全学ＦＤ・ＳＤで報告を務めた木下嗣基教授は、「教育に熱心な先生が多いので、点検・評価の仕組みがあることで、熱を込めて議論ができています。コロナ禍による課題も見えてきた一方で、授業や会議のリモート化が進んできたことで改善が期待されることもあります」とこの2年間をふり返りました。

教育と学修は現場で起きている

やや内輪話めいた、大学の各学部・部局の細かな取り組みについて述べたのは、このFD・SDの報告が、全学的な内部質保証システムにおける現場の様子をよく物語っていると思われたからです。

「一方の大学戦略・IR室は概念が先行しているところがあり、他方で各現場は属人的な理解や点のつながりで、なんとかやり過ごされていたという状況でした。これではダメだ、その間をきちんとつなぐシステムをつくらなければいけない。現場の先生たちが質保証に参加する仕組みをつくらなければ、という思いを強く持つようになりました」

これは前節で紹介した嶌田の言葉です。

そう、教育の質保証のシステムは、IR部門がそのプランを描き、内部組織を整備するだけでは機能しないのです。

そのプランに整合性があり、バランスもとれ、説得力を持つものだったとしても、実際に学生たちと向き合い、日々教育活動を行っている現場と、リアルに直結していなければ意味を成しません。

それはまた、ＩＲ部門が強権的なリーダーシップを発揮して、プランどおりに現場を動かすというのとも違います。上意下達により、教員が操り人形のようになっては、現場の教育はつらいものになります。当然、学生たちもそういう雰囲気を敏感に察知するでしょう。

つまり、組織上で仕組みを整えても、それだけでは動かない。強権を発動しても、現場がつらくなるだけ。そうした観点で先の全学ＦＤ・ＳＤ報告を改めて見直してみてください。各学部・部局の担当者は、全学の４階層の内部質保証システムを踏まえつつ、それぞれの現場で主体的・自発的に、ある種楽しみながら（さらには学究的に）それぞれのＦＤや点検・教育改善に取り組んでいることが分かると思います。

何がこれを可能にしたのでしょう。

一つは、これまでも述べたように、長年にわたる取り組みと成果の蓄積を通して、茨城大学に少しずつ内部質保証の文化が備わってきたことです。バブル崩壊後の就職への危機感から、各学部で進められた授業調査などの取り組み、教養部の廃止と全学教育研究開発センターの開設に始まる共通教育改革、全学ディプロマ・ポリシーの策定、全学教育機構の設置とＩＲ機能を活かした教育マネジメント体制の構築……。国の動きに懸命に適応し、それらの変化を大学構成員がその都度「自分ごと」として受け止めていきながら、「内部質保証」の考えと実践がじわりじわりと浸透していったのです。

その端緒が、１９９０年代の共通教育改革の発想にあることは間違いないでしょう。当時をふり返った田切の言葉を改めて引用します。

「方向性だけを示したら、あとは自由裁量でやっていい。教育というのは自由がないとおもしろさが出ませんから」

大学という組織で理想的な教育を進めていくには、ビジョンとマネジメントが必要である。これは言うまでもありません。けれども「自由」も大切なのです。大学として教育について一定の方向性を示し、管理する仕組みを導入しつつも、自由の余地をいかに現場に残すか。別の言い方をするなら、教育の現場の自由を基底に置いた管理システムをどうすればつくることができるのか。その基本的な考え方は、茨城大学の教育マネジメントシステム構築において、当初から今日まで貫徹しているといえます。

「事件は会議室で起きているんじゃない、現場で起きているんだ」という有名なドラマのセリフがありましたが、教育と学修も会議室（＝評価、ＩＲ）で起きているのではなく、現場で起きているのです。

データをノルマにしない

茨城大学の教育の質保証システムでは、ディプロマ・ポリシーに掲げた要素の達成度を、学修成果の評価軸の一つとしています。その他にも、授業アンケートの結果や学生生活実態調査など、さまざまな調査を行いながら、それらの結果を一つのシステムで管理し、見やすいグラフなどで参照できるようにしています。

この作業を主に嶌田が担っており、全学教育機構のスタッフは、データやグラフは各現場の要望に応じて提供しています。一方で、「DPの『世界の俯瞰的理解』の達成度を7割以上にしないとダメだ」とか「授業アンケートでは8割以上の学生が『理解した』と回答するようにしなさい」といったノルマは一切示しません。また、授業アンケートの結果が芳しくなかった教員を責めることもありません。データはあくまで、現場の教員たちが教育の改善に向け、議論するための材料でしかないと考えているからです。目標を立てるのも、評価をどう扱うかも、それは現場に任せるというスタンスです。

かたや大学教員は、データの扱いに手慣れた集団です。どんなデータにせよ、それが目の前に現れると、先のFDでの理学部の下村の発言にもあったように、パクリと「食いつき」ます。そのデータから何を読み取り、どう対応すべきかということに関しては、侃々諤々の議論も辞さない特性を持つのが研究者というものです。

各学部で「目標を自由に決めてもよい」といっても、自分たちの学部のデータと他の学部のデータとを見比べて、全学ディプロマ・ポリシーの達成度が著しく低いとなれば、自ずと検討を始めます。IR担当者の役割は、その議論を活性化させることです。

そのためにIRの担当者は、それぞれの現場でどのようなデータを必要としているかを聞き、生のデータを誰が見ても分かるような表やグラフに変換して、できる限り早く渡せるように努めます。

ここでの現場のニーズとIR部門から送りだすデータとのマッチングが、一つのポイントです。うまくかみ合えば、教員たちはデータ自体、さらには学生や授業について語り合い、その結果として教育現場の改善が図られていくのです。

データの「強い活用」の落とし穴

データは議論や行動の指針を立てるための材料にすぎない。

そのデータをどう使いこなすかは現場に任せ、干渉しない。

このような考え方を、ここではデータの「弱い活用」と呼ぶことにしましょう。すると、当然ながら反対にデータの「強い活用」の存在も浮かびあがります。

では、データの強い活用とは、何を指すのでしょう。

前節で触れたＥＢＰＭ（エビデンス・ベースド・ポリシー・メイキング）を例に少し想像をふくらませてみましょう。ＥＢＰＭは、施策の実施においては科学的根拠（エビデンス）が示されなければならないという考え方です。

この考え方自体はまっとうなものですが、昨今はその科学的根拠を「客観的な量的データ」と狭く解する向きがあります。そして、施策の立案と評価に、とにもかくにも量的データを求める風潮が強まっています。

ここからは仮想の話です。

例えば、大学のある部署の事業担当者が「学生の満足度を高めよう」という目標を立てたとします。その科学的根拠をめぐり、その事業担当者と同じ大学内の評価担当者の間で起こるかもしれないやりとりを想像してみましょう。

Ａ（事業担当者）「学生の満足度の向上を目標とします」

Ｂ（評価担当者）「その満足度をどのような方法で量的に把握するのですか」

Ａ「毎年度、アンケート調査を行い、『とても満足している』『まあまあ満足している』と回答した学生の数を示しましょう」

すると次に、その学生の割合が何％なら良しとするのかという話になります。

A「70％くらいを想定しているのですが」

B「その70％の科学的な根拠は何ですか」

まずい回答です。突っ込まれるに決まっています。仮に「前年度の５％アップを目標にします」と答えても、５％の根拠を尋ねられます。さらに「限りなく１００％に近づけるべきではないか」と畳みかけられるかもしれません。

B「そもそも『満足』は、人によって受け止め方が違いますね。それは客観的なデータといえるのでしょうか」

A「それなら、無作為で選んだ一定数の学生にヒアリングしましょう」

B「いい考えですね。でも、それは量的データではなく、質的データになりませんか」

A「じゃあ、アドレナリン分泌量を測定する装置を学生たちに着けてもらって……」

何だか話が怪しげな方向に進み始めました。

改めてお断りしますが、これはあくまで想像上の話です。

けれども、科学的根拠と客観的な量的データにこだわり過ぎるとこのように際限がなくなるのです。さきほどのやりとりならば、アンケートもヒアリングもアドレナリン測定も、全部やることになりかねません。そうなれば、現場の作業量はものすごく増えますが、さて、肝心の学生の満足度はどれだけ上がるでしょう？

だいぶデフォルメしましたが、これがデータの「強い活用」の極端なイメージです。

これが過剰に進めばデータ至上主義となります。データをかき集める作業に貴重な人員が割かれ、それが良い結果を示すデータでなければ、反省や事業の見直しを迫られる。これは実際に起こりうることです。

あるいは、良い結果となるよう、データを集める時点でいろいろな画策がされるようになるかもしれません。例えばアンケート調査ならば、設問の仕方やデータを読み解く切り口を変えるとか、複数のデータを組み合わせて按分するとか……方法は　いくらでもあるとは思いますが、これではデータにふり回されているだけです。

目標の「満足度の向上」はどこへやら。日々の議論は、いかにすれば思惑通りのデータを得られるかに費やされる。これが、データの「強い活用」の落とし穴です。

ボトムアップ型の「弱い活用」

一方、データの「弱い活用」では「人が主・データが従」が前提です。データのために議論をするのではなく、議論のためにデータを使います。

前節で、コンピテンシーを可視化するツールの話をしました。例えば、企業が採用においてこのツールを利用し、「コミュニケーション能力」が一定の点数以上の人しか採用しません、というような使い方も想定されます。これも「強い活用」の一例といえるでしょう。

それが人気企業ならば、職を求める人たちは、その測定ツールで「コミュニケーション能力」の点数を上げるためのノウハウを懸命にネットで検索し、実際に試すことでしょう。

では、企業が同じツールを使うとして、このような使い方はどうでしょう。

社員のコミュニケーションスキルを高めたいと考えたある企業。そのために企画した研修プログラムの有効性を検討するため、プログラムの実施前後でコンピテンシー測定ツールを用い、参加者の「コミュニケーション能力」を可視化する。

このやり方なら、企画担当者たちは、そのデータをもとにプログラムの改善点を議論し、次に活かすことができます。これは「弱い活用」の部類に入りそうです。

データの「強い活用」と「弱い活用」を比較すると、以下の**図5**のようになります。

データを活用した教育マネジメントといっても、執行部から高い数値目標を示され、現況が学内で逐次公開されて、目標を達成するように叱咤されるのはつらいものです。それはデータ優先で、データの内容が人の行動を促す「強い活用」の世界です。提供されるデータも、実際の行動を強いるようなインパクトが要求されるでしょう。上位主導型、すなわちトップダウンのスタイルです。

かたや、それぞれの現場の課題解決に役立つようなデータの提供を、現場サイドからＩＲ担当者に依頼し、そのデータをもとに現場で議論して、自立的かつ自律的に改

図５：データの強い活用と弱い活用

	強い活用	弱い活用
大事にするもの	データ	現場従事者
行動（改善）を促すもの	データが直接示すもの	データから促される議論による現状（目標との差分）の共有、合意
重視される点	即効性（クリティカル）	継続性（サステイナブル）、人と人とのつながり、組織力

善を進めるのが「弱い活用」の世界です。その取り組みは、階層ごとのＦＤ・ＳＤを通じて、全体に共有されていきます。データが人を動かすのではなく、行動を決定するのはあくまでも現場の人たちです。現場本位で参加型、ボトムアップのスタイルです。

教育の質保証について検討を始めた当時、大学教育研究開発センター長の田切がＴＱＭに注目したのは、そこに現場での課題解決を重視するこのボトムアップの考え方があったからです。

他大学の教育の質保証について話を聞くと、データの「強い活用」の部類に入る事例がけっこう多いようです。そのような大学では、ＩＲ室が収集・分析したデータをたっぷりと収録した、電話帳のように分厚いデータブックが学内に配られたりします。果たしてそれをどのぐらいの数の構成員が見てくれるのでしょう。実際、ＩＲ担当者からは、「データを出しても現場の人たちが見てくれない」「使ってくれない」という悩みとも愚痴ともつかない言葉を耳にします。

茨城大学の場合、提供されるのは個々の現場で必要とされ、求められたデータですから、それを現場の担当者が見ないということはありません。しかも、データを提供するＩＲの部局では、誰にでも一目でデータの内容を見てとれるよう、グラフのつくり方にも工夫をしています。データサイエンティストでも読みこなすのに時間を要するような、複雑なデータはありません。

「現場から求められたら、議論が盛り上がりそうなデータを、コストをかけずに加工して、素早く提供する。例えるなら『早い、安い、うまい』の三拍子です」、これが嶌田の信条です。

場ときっかけとコンテンツ

議論が盛り上がるようなデータの提供。

実は、現場が前向きに動きだすようにするには、それだけでは十分ではありません。

「場ときっかけとコンテンツ、この三つを提供することが大事」（**図6**）だと嶌田は語ります。

「コンテンツ」は、課題に関係するデータ

図6：大学の場合の「場」「きっかけ」「コンテンツ」

場	きっかけ	コンテンツ
●FD、学科やコースでの会議など ●教職員同士で気軽な雰囲気で話せる場所や関係性	●FD実施に関する全学的なルールづくり ●データ集の配布	●学部や学科、コースが欲しいと思っているデータ ●理解しやすく、活発な議論につながる形に最適化されたデータ

や情報、ツールなどを指します。

「場」とは、コンテンツを現場の構成員が一緒に眺め、議論ができる場。それが組織の中に確立されているかということです。

オーソドックスなかたちとしては、FDや教育改善のための委員会の会議などがその「場」となります。ただし、この場が機能するためには、良いファシリテーターが必要かもしれません。また、互いの授業について率直に語り合えるような同僚性も前提となるでしょう。それらを含めた「場」が組織内にあることが大切です。

あるいは、制度化されたFDや委員会ではなく、非公式な「場」であっても一向にかまわないと思います。嶌田はそれを「井戸端会議的な場」と表現します。本節の冒頭で取り上げた茨城大学のFDでは、次のような報告者のコメントがありました。

「教育改善につながる有機的な議論の場が組織内に形成されるには、最初の小さな教員集団の話し合いの中で、どれだけ自由に、愚痴を含めて話せるかが大事ではないか」

嶌田が言うように、井戸端会議的なところから出発して、良いコンテンツをもとにした議論の場が徐々にかたちづくられていくのが、実は理想的なのかもしれません。

「きっかけ」は、そうした「場」が創出されるような外発的・内発的な動機づけです。例えば、「各学部とも年1回はFDを実施しましょう」というルールを全学で定めることで、各組織のルーティンとして「場」づくりを誘導されることが考えられます。また、データ集を定期的に配付すれば、それがきっかけとなって「ああ、今年もこの季節が来たなあ」と議論が始まることもあるでしょう。あるいは、翌年度のシラバスの作成や、その内容を相互に点検するなどの機会も、まさにルーティンに組み込まれた「きっかけ」といえます。

「弱い活用」を支える信頼の構築

茨城大学の全学FDでは、報告者から次のようなコメントも寄せられました。

「ゆるい枠組みでスタートしたのが良かった。点検して良くない結果が出たときに、犯人探しをするのではなく、チームで課題を話し合い、改善に取り組めることが大事だ」

「全学教育機構の教員が各学部にこまめに足を運び、現場のニーズを聞きながら、適切なデータや分析内容を提供してくれる体制が(教育改善を進めていくうえで)大きい」

データの「弱い活用」では、大学本部のような管理者からの現場に対する信頼が非常に重要になります。平たくいえば、多少のことは目をつぶっていられるかということです。データの「強い活用」では、なかなかそうはできません。「弱い活用」には、ある種の「ゆるさ」が必然的にも戦略的にも存在することになるのです。

これも全学ＦＤでのコメントです。

「嶌田先生に『こんな感じでいきたいんですけど、いいですかね』と聞くと、いつもだいたい『いいいんじゃないですかね』という返事が返ってくる」

このやりとりのゆるさが、取り組みを持続させる鍵なのです。

ただし、現場を信頼しているといっても、全てを任せっぱなしでいいということではありません。取り組みを持続させるための「いい加減」を維持するには、現場と管理側との相互理解と信頼を、常に醸成するよう努める必要があります。

本学の質保証システムがうまく継続的に機能している陰には、その労を惜しまない嶌田らの日々の動きがあります。

現場に足しげく通って話を聞き、世間話のような何気ない会話の中から悩みや課題を感じとったり、引き出したりしてくる。ときにはそうしたリサーチを基に、直接求められたわけでなくても、その現場で役立ちそうなデータを提供することもあります。

足で稼ぐ、その地道な実践の積み重ねがあってこそ、相互に状況を理解でき、それが信頼の維持にもつながるのです。

嶌田のこのフットワークの軽さと調整能力の源泉は何なのか。当人はこう答えます。

「僕が教育に対して、特別な思想やこだわりを持っていなかったことが良かったのかもしれない」

前述のとおり、嶌田が大学院で専攻した分野は教育学でも経営学でもなく、地球科学です。そして、もともとは事務職員として田切を補佐したのが、評価システムの構築にかかわるきっかけでした。そういう経緯もあり、教育や教育者に対するこだわりや偏見がなかったので、評価室と各学部等との間を結ぶ情報流通役に徹してきたことができたというのです。

「僕自身には欲も野心もなかったから、管理的な仕事がポリティカル（政治的）にならないんだと思います」（嶌田）

誤解のないように言っておくと、「高等教育のマネジメントに教育学の専門的知見は必要ない」ということではありません。ここで強調したいのは、教育の価値の議論と、実際のマネジメントの具体的なプロセスとを一緒くたにしないほうがいいということです。それらをいったん切り離して後者、すなわち「場」と「きっかけ」と「コンテンツ」を最適化する環境づくりによって、価値についての議論も落ち着いてできると考えるのです。

「教育はおもしろくなくてはいけない、自由でなくてはいけない」

これを信念とする田切、その傍らで情報の流通役に徹してきた嶌田。この絶妙な分担とバランスが、データの「弱い活用」による茨大型教育マネジメントの土台を成したといえるでしょう。

「推し」は「全部」

２０１６年11月某日。東京都内のある会場で、国立大学協会の主催により、マスコミ関係者を招いた広報関連の懇談会が開かれていました。

全国の各国立大学から広報業務の担当者が集まり、新聞社の論説委員などと話をしている中、茨城大学広報室の専門職である山崎一希は、大学改革のビジョンをまとめたポスターの前でポツンと佇んでいました。

この日の懇談会の主たるテーマは、新しく設置されたばかり（あるいはこれから設置予定）の、学部や大学院の研究科についてでした。複数の学部を統合して分野横断型の新たな教育組織をつくった他大学の担当者は、その狙いなどをアピールしていました。なかには当該学部のキラキラした「１期生」たちを同伴している大学もありました。当然、会場にいるマスコミ関係者の関心は、それらの新しい学部や研究科のブースに集まります。

一方、茨城大学のブースでは、閑古鳥が鳴いていました。人文学部を人文社会科学部へと改組し、その他の学部でも学科やコースの再編を進めることになってはいたものの、それはマスコミ関係者からすると、新しい分野をつくるような組織改革ほどの話題性を感じられなかったからでしょう。

「このままじゃまずい」

焦りを感じた山崎は、ふと、少し前に大学のホームページ上に掲載した記事を思い出しました。それは、「大学教育再生加速プログラム（AP）」に採択されたというニュースでした。そうです、「テーマV：卒業時における質保証の取組の強化」に選ばれた4階層質保証システムの話です。

この話をホームページに掲載した時点で山崎には、「卒業時における質保証の取組の強化」がピンと来ていませんでした。というのも、彼はその前年度に民間企業からの転職で大学に入ってきたばかりで、茨城大学のそれまでの取り組みをよく理解していなかったのです。ただ、当時の学長だった三村信男が、「この採択はとても画期的なことだ」と強調していたのは、印象に残っていました。

そんなもんかなあ……と、改めて事業内容を見直した山崎。そのうちに、五つの学部で一つのディプロマ・ポリシーを共有しており、その達成に向かって全学のカリキュラムが整備されていること、そしてその教育の質を保証する取り組みを強化していることなどが、とても大事なことのように思えてきました。

「一つの学部に特化するのではなくて、全部の学部に共通する教育のストーリーをブランドにできないだろうか」

彼はそう思い立ちます。

キラキラと目立つような新奇な学部を「推し」として勝負する手を、茨城大学は使えない。ならば、「茨城大学に入ればどの学部でも共通してこんな学びができます!」というのを「推し」にできないか。学生と一緒に大学の教育をアピールするときは、新しい学部の学生だけではなく「うちはどの学部の学生を連れて来ても自慢できます!」と胸を張ればいい。

山崎は、その視点で教育のブランディングを試みようと考えました。

「茨城大学コミットメント」

年が明けた2017年1月某日、茨城大学水戸キャンパス。教育統括を務めていた理事・副学長の太田寛行(後の学長)は、学長の三村から示されたオーダーに頭を抱えていました。

「来年度から新カリキュラムでの教育が始まるのに、入学式がいつもと同じようなやり方でいいのか」

これから新しいことが始まるのだという雰囲気を、入学式の中でつくりだせないかと言うのです。新年度に向けたカリキュラム改革の実務で手一杯だった太田に、3カ月後に迫った入学式のリニューアルまで考えるというのは難儀なことでした。

そこにドアをノックして入ってきたのが、広報室の山崎です。

「本学の全学的な教育改革を学内外の人たちに理解してもらうための広報キャンペーンを展開したい」と話し、「私案」と書かれた企画書を手渡しました。その企画書は「イベント・Web・紙媒体など複数の媒体を組み合わせたキャンペーンにより、4月の時点で新入生のマインドセットの変化を図る」という趣旨のものでした（**図7**）。そのコンセプトには「茨城大学2021コミットメント」という仮称がつけられており、こう書かれていました。

「茨城大学の教育改革は、2017年度新入生が卒業を迎える2021年以降の世界をイメージしたうえで、その世界で必要な力を大学が責任を持って育てるための新たな仕組みづくりである。言い方を変えれば、2021年の世界を見すえた学生たちへのコミットメントであり、なおかつそれは社会へのコミットメントでもある。2017年度がそのスタートであること、全てはディプロマ・ポリシーへ向かっていることを感覚的に理解・共感してもらうためのコンセプトが『茨城大学2021コミットメント』である」

山崎はラジオ局やPR会社を経て、広報の専門職として2015年に茨城大学に着任しました。PR会社では、複数のメディアを組み合わせた戦略的なコミュニケーションによって、人びとの認識や行動にアプローチするようなキャンペーンの企画に携わっていました。大学に転職するにあたり、彼はいくつかの大学の広報実践に関する書籍などには目を通し

図 7：茨城大学 2021 コミットメントのコンセプト

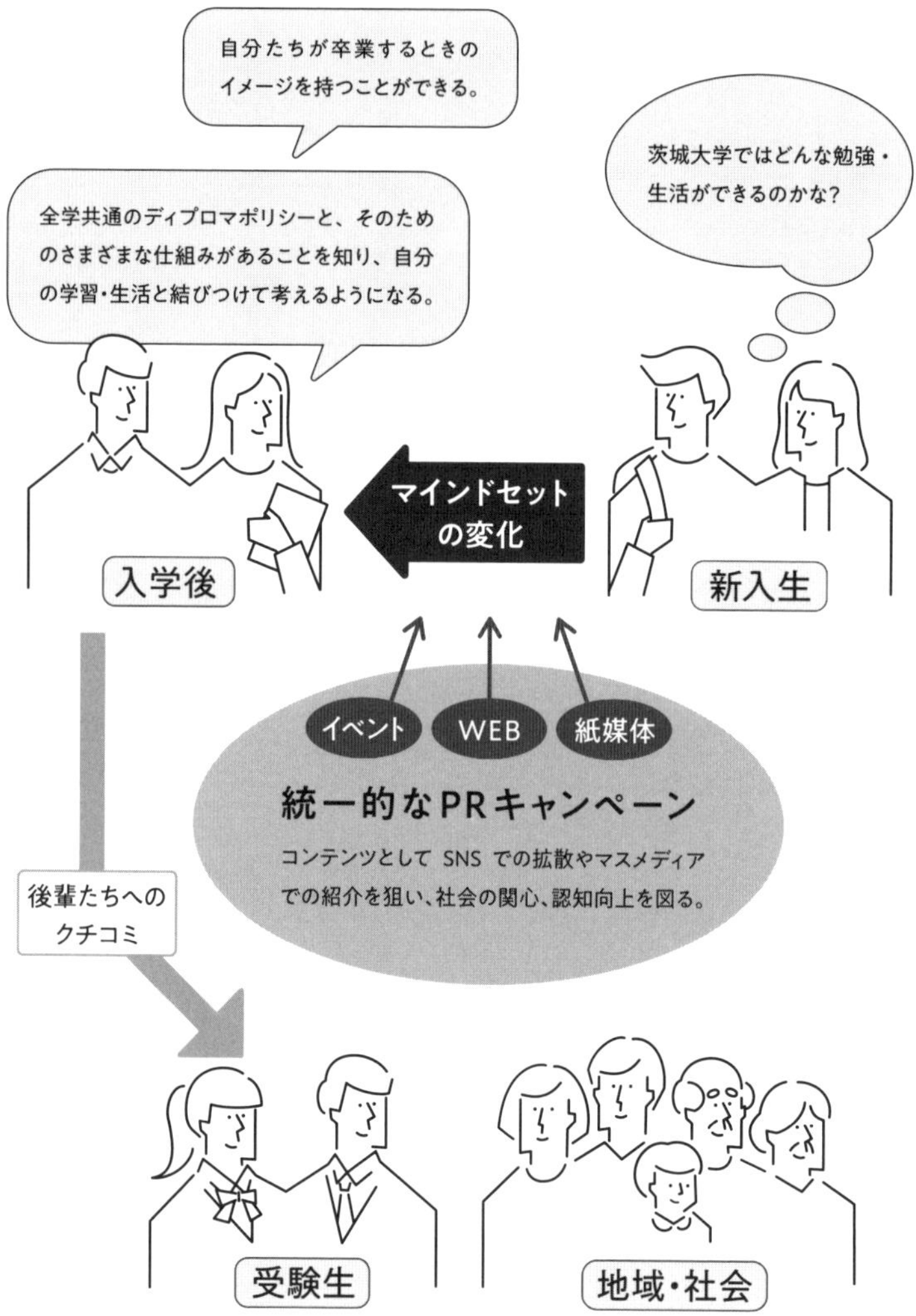

※当時の企画書をもとに編集部が作成

ていました。その中で印象に残ったのは、巧みなコミュニケーション戦略で知られるある私立大学の実践例でした。

その大学は、国立大学が不合格となるなどして、第1志望でないかたちで入学する学生が少なくない学校でした。けれども、入学式の日は大学を挙げて歓迎の意を示すべきだと考え、周辺商店街とも連携しながらちょっとしたお祭りのような雰囲気を演出していました。

茨城大学も、「何が何でも茨城大学に入りたい」と考えて入学してくる学生ばかりではありません。大学入試センター試験（現在の大学入学共通テスト）の自己採点結果を踏まえ、合格できそうだからという理由で茨城大学を選んだ学生が少なからずいます。その意味では前述の私立大と同じような状況を抱えていました。

そこで、入学式を一つの重要な節目ととらえ、一つの学部の存在を尖らせるのではなく、「全部の学部に共通する教育のストーリー」を新入生に向けて訴求するというメディアキャンペーンを計画したのです。

学生による授業アンケート、教員の授業改善、企業等の人たちによって組織された全学や各学部のアドバイザリーボード……。そうしたシステムを基盤に、ディプロマ・ポリシーの達成に向かって学生、教職員、地域の人々ともども、教育の質保証を新入生にコミットしていくというストーリーが、山崎の頭に浮かんでいました。理事室へ持ち込まれたその提案は、折もよく「入学式を新しいものに」というミッションにも合致していました。

コミットメントブックとコミットメントセレモニー

こうして「茨城大学コミットメント」という新コンセプトによる企画の検討が、急ピッチで進められました。

まず着手したのは、後に「コミットメントブック」と呼ばれる冊子づくりです。茨城大学の学生にとって学びのバイブル、あるいはパスポートになるようなものを生みだすつもりで制作しました。

そこでこだわったのは、茨城大学の新カリキュラムを、プログラムの提供側である大学の視点ではなく、学生自身が今後の4年間でどう「体験」するかという視点から、ストーリーとして構成することでした。

入学の年の2017年には何が待ち受けているのか。

3年生になると、「iOP（internship Off-campus Program）クォーター」という、必修科目を原則開講せず、学生が主体的に学修に取り組める期間がやってくる。あなたはこの期間をどう使いたい？

4年生となる2020年には東京オリンピック（実際の開催は2021年に延期）、日本の社会は新たなフェーズを迎えるかもしれない。

そして2021年3月、あなたはディプロマ・ポリシーで定めた五つの基盤学力を身に付け、社会へと羽ばたいていく。

このように、学生たちが茨城大学で過ごす中で体験することを社会の出来事とも重ねながら物語として示す構成で、A5判・24ページの小冊子が出来上がりました。

「コミットメントブック」の制作と並行し、入学式の日に行うイベントの企画も進められました。太田寛行理事・副学長、木村競副学長をはじめとする企画チームにおいて、「茨城大学の新しい教育の世界へと、新入生を誘い、もてなす」という趣旨が共有されました。

茨城大学の入学式は、水戸キャンパスから徒歩5分の場所にある茨城県武道館で行われます。いつもどおり厳粛に入学式を執り行ったあと、ステージが転換して、にぎやかなセレモニーが行われます。その後、キャンパスへ移動すると、在学生や地域の人たちが大勢で待ち受けており、新入生たちを出迎える――。

重要なのは、入学式後のステージにおいて、どのようなかたちで茨城大学の教育の新しいかたちを新入生に伝えるかです。そのプレゼンターを太田が務めることになりました。合わせて「コミットメントブック」の趣旨と同様、新入生がこの先4年間の自分の姿を具体的に想像できるようなロールモデルを示したいと考え、新2年生から学部を卒業したばかりの大学院生まで、五つの学部に対応した5人の学生にも登壇してもらうことになりました。

セレモニーの開幕

2017年4月、茨城県武道館。

入学式が終わっていったんステージの緞帳が下ろされたあと、司会を務める放送研究会の学生のアナウンスで、初めての「コミットメントセレモニー」が開幕しました。

緞帳が上がると、ステージには黒い衣装でそろえたダンスサークル「踊り屋さん」のメンバーがポーズを決めている。音楽とともにクールなダンスパフォーマンスがスタート。さきほどまでの入学式の厳粛な雰囲気とは打って変わり、会場のボルテージが上がります。「踊り屋さん」の学生たちが舞台から軽やかに退場すると、今度は太田副学長の登場です。手には黄色い「コミットメントブック」を持っています。

「茨城大学では、どの学部の学生も卒業までに必ず身に付けてもらう、五つの『茨城大学型基盤学力』というものを定めています」

太田はそう言って、ディプロマ・ポリシーに掲げた五つの要素の説明を始めます（**写真8**）。「まずは『世界の俯瞰的理解』です」。そう言うと、ステージの袖から「世界の俯瞰的理解」と書かれた高さ3メートルの長方形パネルが出現します。同じようにして、「専門分野の学力」「課題解決能力・コミュニケーション力」「社会人としての姿勢」「地域活性化志向」というパネルが次々と呼び出され、ステージにお目見えします。

五つのパネルが一列に並び立ったところで、太田が「では、パネルを裏返してください」というと、パッと画面が変わり、一つの大きな絵が現れます。「コミットメントブック」の表紙と同じイエローを背景とした、「学生」「教職員」「地域」の3者を頂点とする三角形です。「この五つの要素をみなさんが卒業までに確実に身に付ける、そのための学生のみなさんと私たち教職員、そして地域の方々の三者のパートナーシップ、それが『コミットメント・パートナー』です。みなさんは、今日からその一員となるのです」

この五つの大きなパネルを動かしてくれたのが、5人の在学生です。

地域でコミュニティスペースの運営を始めた人文学部（当時）の2年生、オリエンテーリング部に所属して国内外の大会で活躍していた教育学部の3年生、地元企業の方とともにキャンパス内の食堂のリニューアルを企画する活動でリーダーを務める理学部の3年生、インドネシアで海外研修に参加した農学部の4年生、工学部を卒業して大学院で研究を続

写真８：コミットメントセレモニーの様子

けることにした大学院理工学研究科博士前期課程の2年生。

どの学部の所属であっても茨城大学では充実した生活を送り、卒業時には共通した五つの要素を身に付けることができる――それぞれの活動を象徴する服装を身にまとった5人の学生たちのメッセージは、新入生にしっかりと伝わったはずです。

その後、ステージでは各学部の代表教員から、それぞれの学部の新入生の代表者へ、「コミットメントブック」が手渡され、最後はステージ側からアリーナの新入生席・保護者席にカメラを向けて写真撮影。大学生活の初日、全員が黄色いコミットメントブックを掲げるこの記念写真（**写真8・下**）は、茨城大学の教育を象徴する絵となりました。吹奏楽部による星野源「恋」（その前年のヒット曲）の演奏でクロージング。

茨城大学のこの「おもてなし」、いかがでしょうか。

学生の満足度を高める「物語」の力

当日のセレモニーの様子を、茨城新聞の記者が取材していました。1週間後の朝刊1面には「茨城大教育改革」「世界で活躍　人材育成」「授業見直し環境整備」の見出し。茨城大学型の基盤学力が書かれた五つのパネルの前に在学生たちが立っているカラーの写真が大きく掲載されました。一つの尖った取り組みを切りだすのではなく、全学の教育改革を進めるという茨大の意志が、新聞の1面を飾ったのです。

その後も広報施策は続きました。

一つは「茨城大学コミットメント」のＷｅｂサイト立ち上げ。ここでは学生たちのふだんの活動を取材したニュース記事をどんどんアップしていきます。Ｗｅｂサイトというメディアを通じて、学生たちの日常的な授業や課外活動での取り組みと「コミットメント」のコンセプトとを感覚的につなぎ、「私のこの活動もディプロマ・ポリシーにつながっているんだ」という認識を少しずつ醸成していくことが狙いです。

合わせてサイトと連動したツイッターアカウントも開設しました。現在ではこの「茨城大学コミットメント」のツイッター（@IBADAI_commit）が、大学の公式アカウントとして運用されています。

こうした取り組みを通じて、茨城大学の多くの学生たちが、入学直後の時点で、すでにディプロマ・ポリシーを意識するようになっていることが、アンケートの結果からも見てとれます。山崎は言います。

「『コミットメント』を構想する数カ月前に行われたＦＤで、嶌田先生が『ディプロマ・ポリシーは学位授与の方針なのに、多くの大学生たちはその存在さえ知らずに卒業し、学位が取れてしまうのは変ですよね』と話しているのを聞きました。確かにそのとおりだと思ったんです。それが今では、日本で一番、学生たちがディプロマ・ポリシーを認識している大学になったと思います」

もちろん、それは「コミットメントブック」や「セレモニー」だけによる効果ではありません。実際、コロナ禍に見舞われて入学式もコミットメントセレモニーも開催できなかった2020年、その春のアンケートでも、新入生たちはディプロマ・ポリシーをしっかり認識していました。これは、大学が入学前に提供するセルフラーニングのプログラムに新入生たちが励んだ結果です。

また、各授業科目のシラバスには、その授業を通じて五つの要素のうちどれが身に付くかが記載されています。そして毎年、その達成度をアンケートで問われるのですから、学生たちは意識せざるを得ないのです。

嶌田は語ります。

「茨城大学でこれを学びたい、将来こうなりたいという思いが希薄な学生も一定数はいます。そうなると、早い段階から、『なぜ自分は茨城大学で学ぶのか』『茨城大学ではこれを学びたい』というところへ意識を持っていかなければならないわけです。授業についても『これは必修だから履修しよう』ではなく、これを身に付けたいからこの授業をとるというふうに思ってもらった方が、身に入ると思うんですね。目的意識を持ってほしいんです」

茨城大学が第1志望でなかった学生は、入学時点である種の挫折感を抱えているかもしれません。その場合、いかに早く茨城大学で学ぶ意義をつかみとれるか、そして日常の学生生活でそれを実感できるか。

「学生が茨城大学で何を学んだかという点で、われわれが最も重視しているのは、実は『満足度』です。つまり、『茨城大学に入学できて良かった』ということを4年たって思ってもらえるかどうかです。4年間の体験が今の自分を支えているんだと卒業後に思ってもらえる教育ができれば、卒業生が大学の応援団になってくれて、お互いにハッピーな関係を維持できるわけです。

ですから、科学的に測定するというよりも、学生たちが『自分たちは学べた』と思えるという、学生の手応えを優先させたいと思ったのです。

それに対して、『本人が思っているものと、学びたいことが違うのではないか』という乖離も満足度からうかがい知れます。そこは、それこそ教員が指導や成績評価を通して客観的に見てあげることができるわけです。

教育のマネジメントという点では、学生の能力をフラットに見ている企業の方や、学生に直接触れている教員の評価を重視すべきではありません。かといって、企業や教員が満足していたとしても、学生が4年間を非常につまらなかったと思っていたとしたら、それは誰も全然うれしくない。したがって、いろんなステークホルダーを全て満足させるためのパズルを、どう解くかが重要になってくるのです」(嶌田)

その「パズルを解く」ことにつながるものとして、物語の持つ力を山崎は強調します。

「質保証といっても、そのシステムを学生自身が直接に体験する機会は、せいぜい毎年アンケートに答えるぐらい。しかし、そこにディプロマ・ポリシーへ向かう学生、教職員、地域とのコミットメントという物語を設定し、参入してもらうことで、その体験に流れと意味が生まれるんだと思います。実際のシステムと連動させながら、それを物語として可視化し、参加を促すことで、茨城大学での学修体験が意義深いものになり、満足度につながればいいと思っています」

「茨城大学コミットメント」は、教育の質保証を学内の学務部門やIR部門に留めることなく、学内外のさまざまな組織を巻き込み、学生はもちろん教職員の主体的な参加をも促すという面で、意義のあるキャンペーンとなっています。

ある事務職員は、複数の大学の職員が参加する研修の場で、所属大学のディプロマ・ポリシーが言えるかを問われ、自分だけがそれを答えることができたという体験を持っています。他の参加者から驚かれたそうです。

また、別の職員は、名刺の裏にディプロマ・ポリシーを自らプリントしていました。さらに、「コミットメントセレモニー」でステージに立つディプロマ・ポリシーの五つの基盤学力のパネルは、普段は図書館のエントランスに置かれており、利用者を出迎えています。

ここにも反映される「弱い活用」

「大学教育再生加速プログラム（ＡＰ）」の補助期間の最終年度には、それまでのアンケート結果から見える学修成果の推移を、グラフィックで分かりやすくまとめたパンフレットとＷｅｂサイトを作成しました（**写真9**）。ともに「茨城大学コミットメントがみえる。」という名前を付け、ここでも「コミットメント」の物語とビジュアルイメージを応用しました。

また、２０１７年度の「コミットメント」第１期生の学生たちの多くが卒業を迎えた２０２１年３月には、「茨城大学コミットメント・プラス」というパンフレットを配りました。こちらには、４年前のセレモニーの写真を掲載したうえで、卒業、すなわち「ディプロマ・ポリシーの五つの基盤学力を身に付けたことを証する」という文章を記しました。合わせて卒業後の「コミットメント」として、３年後のアンケートへの協力、同窓会への参加、

写真9：学修成果の推移をまとめたパンフレット

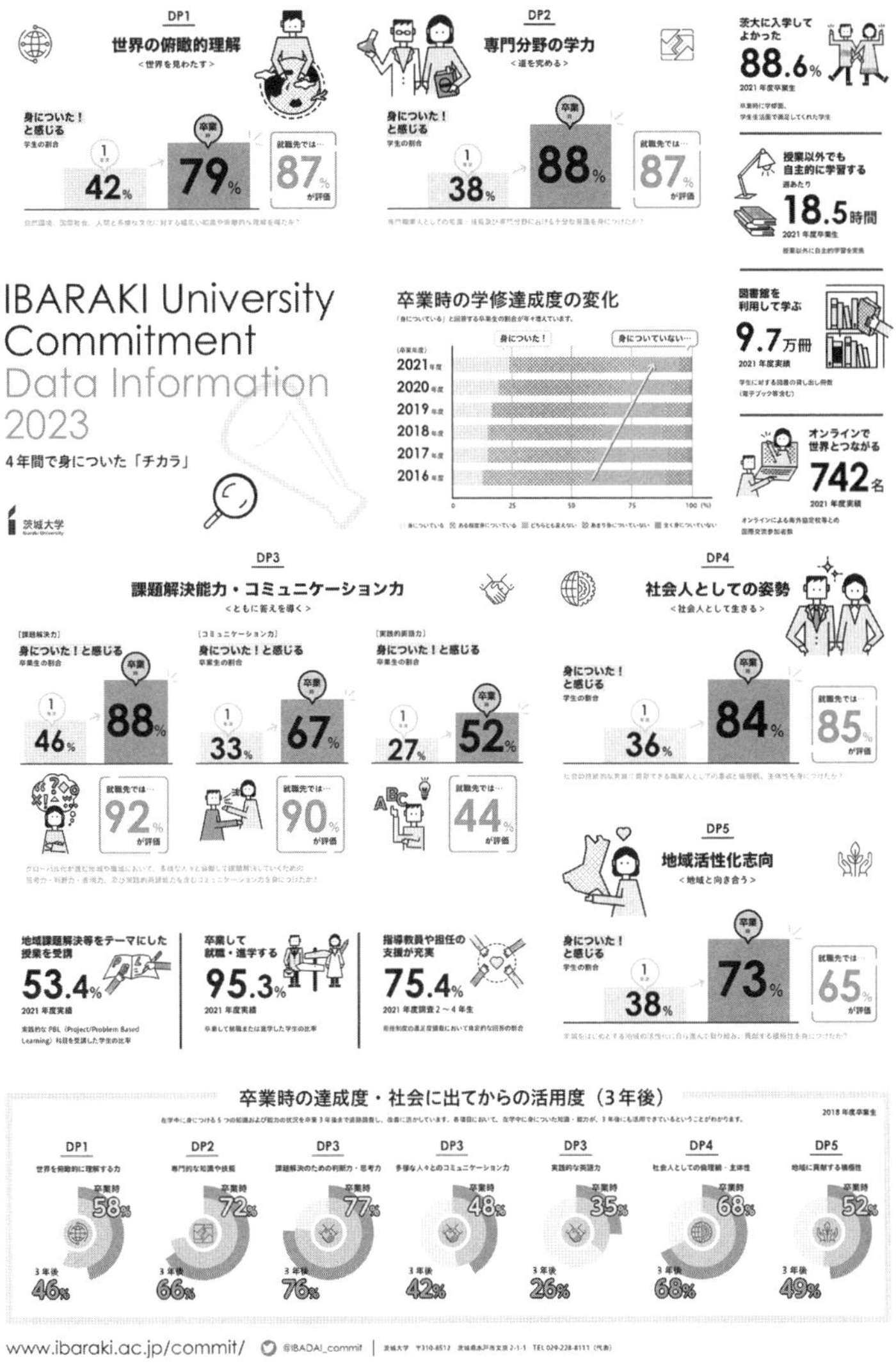

茨城大学基金への寄附を呼びかけるとともに、キャリアセンターでの相談やリカレント教育プログラムなど卒業後も利用できる大学のリソースを案内しました。

ただし、こうした物語とそのデザイン施策は「やりすぎてはいけない」とも山崎は述べます。

「当初は教職員が首からかけているパスに『コミットメント』のマークを入れようとか、履修案内を『コミットメント』仕様にしようとか、そういうかたちでコミュニケーションを徹底することも考えました。しかし、なかなかできませんでしたし、むしろそこまでやらず、少しゆるめの方がいいと思うようになりました。黄色いブックを掲げて全員で集合写真とか、それはある種のマスゲームのようなものですから。コミュニケーション・デザインの施策はややもすれば人を洗脳してしまうようなリスクがあります。施策として徹底させるよりも、学生側の気持ちや行動に余白の部分を残しておくほうがずっと健全です」

コミュニケーションのデザインも、押しつけがましいのはいけない。教育や学修の要諦はあくまで現場にある。デザインの施策はその現場での主体的な実践やモチベーションをまわりで支える範囲にとどめるのがよい。

前節のデータのとらえ方で述べた「弱い活用」という姿勢が、実はここでも意識されているのです。

5 教育の成果はどう現れたか、そして未来へ
―実現した「チーム茨大」が目指すもの―

学修成果を向上させた日常の取り組みとは

大幅な組織改革よりも、
日常の改善の積み重ねが成果を生む。
学生たちの学びの姿勢にも変化が。

質保証の取り組みへの評価

２０２１年１月13日、オンラインで行われた中央教育審議会の大学分科会には、茨城大学から太田寛行学長が招かれました。中央教育審議会（中教審）は、国の教育政策に関する重要事項を審議し、文部科学大臣に意見を答申する機関です。その下にいくつかの分科会があり、大学についての諸政策について議論するのが「大学分科会」です。

太田が呼ばれたのは、大学教育再生加速プログラム（ＡＰ）の優れた取り組み例について、プレゼンテーションを求められたからです。このときは茨城大学を含む２大学に声がかかりました。

太田は、茨城大学における教育の質保証の取り組みを、さまざまなデータを示して丁寧に紹介しました。分科会のメンバーからは、学生の自己評価と就職先の評価との関係や、卒業生へのアンケートの実施方法などについて多くの質問が寄せられました。

それから約１週間後、今度はＡＰ事業の評価に関する内示が届きました。茨城大学の５年間の質保証の取り組みに対する、いわば「通信簿」です。その評価は、最高位の「Ｓ」でした。これまでの地道な取り組みが高く評価されたのです。

この評価は、公的かつ客観的な視点によるものです。さぞかし誇らしく、うれしかったに違いない。そう思って太田に尋ねてみると、返ってきた答えは思いのほか淡々としたものでした。

「特別にものすごくがんばったという感覚はあまりないですね。もうそのときには当たり前のことをやっているという感じでしたから」

さらに太田はこう語ります。

「教育改革というのは、目に見えやすい、派手な組織改革が重要なのではなく、日々の地道なマネジメントの中にこそ目を向けるべきものがあるということ。それは国にとって盲点だったんじゃないでしょうか」

「ハレ（晴れ・霽れ）」と「ケ（褻）」という概念があります。「ハレ」は儀礼やお祭りなどの非日常な時間、それに対して「ケ」は普段の生活である日常を表しています。外部から見て分かりやすいイベント的な「ハレ」と、そもそも対象化しづらく、外部からはその実相が見えにくい日常的な「ケ」。教育改革は「ハレ」ではなく「ケ」の取り組みなのだという太田の信念が、このつぶやきに如実に表れています。

これについては改めて述べるとして、「S」評価にもつながった、茨城大学の質保証の取り組みの成果をまずは紹介します。

ディプロマ・ポリシーの達成度の上昇

学生たちにさまざまな局面でディプロマ・ポリシーを意識してもらう。毎年度アンケートを行って、学修達成度を自己評価してもらい、その結果を可視化する。それをもとに教員個人、学科やコース、学部、全学という四つの層で教育改善の議論を行う。

この取り組みを愚直に継続していった結果、ディプロマ・ポリシー達成度の平均値が、年々上昇しているという事実です。最も分かりやすく現れた成果に、私たちも驚かされました。

図10は、学部4年生の卒業時アンケート結果の年次推移です。ディプロマ・ポリシーの各項目の達成度から全体の平均値を算出し、

図10：卒業時の学修成果の経年変化

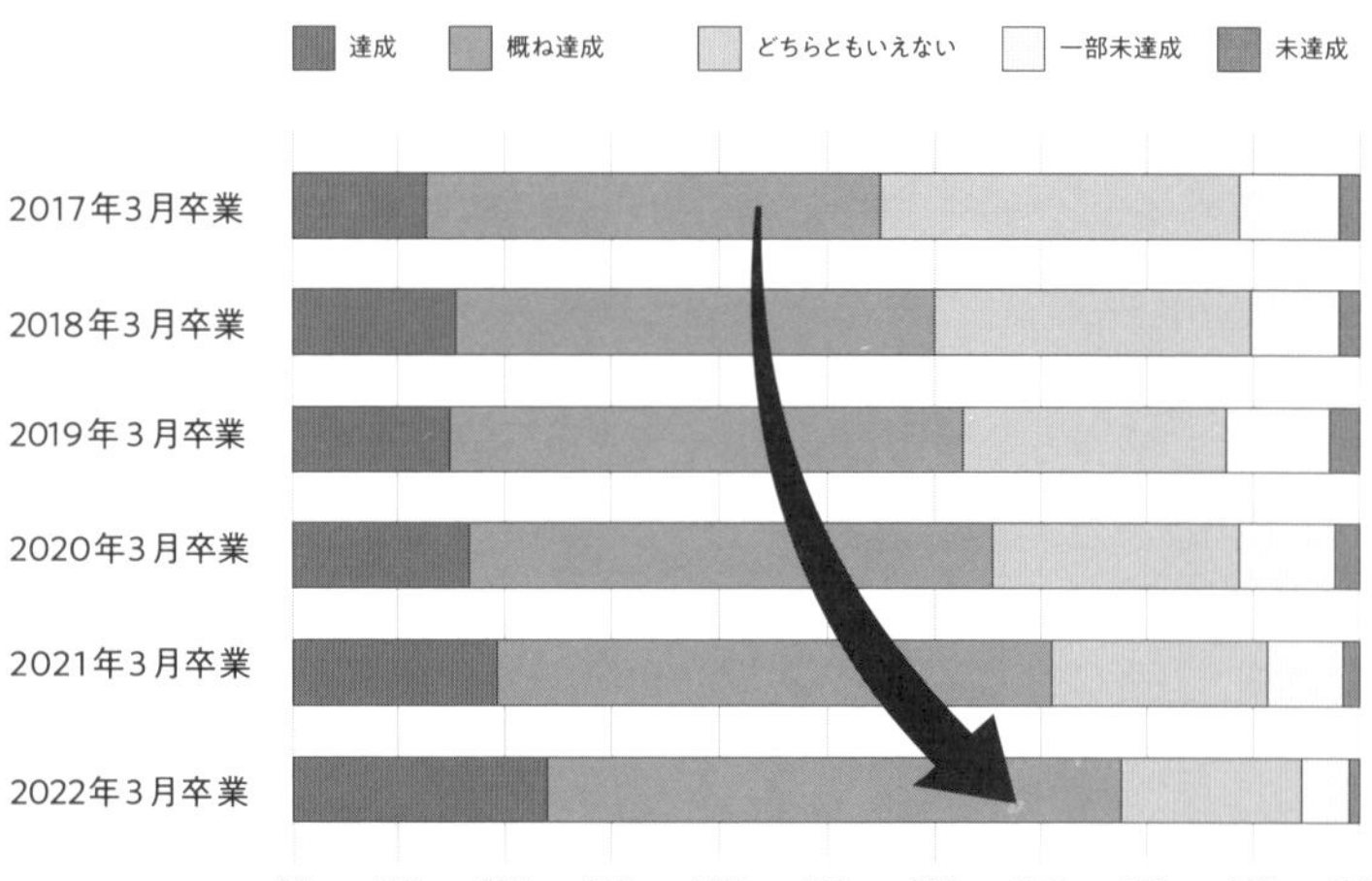

２０１６年度から２０２１年度までの６年間を並べました。一目で分かるとおり、「達成」や「概ね達成」というポジティブな評価が年々上昇しています。

つまり、ディプロマ・ポリシーで示された要素を「身に付けた」という実感を持って卒業する学生が、年度を追うごとに着実に増えているのです。

具体的な調査項目にも触れておきましょう。

ディプロマ・ポリシーが示す「茨城大学型基盤学力」は、「世界の俯瞰的理解」「専門分野の学力」「課題解決能力・コミュニケーション力」「社会人としての姿勢」「地域活性化志向」の五つです。調査では、これらの五つをさらに細かい要素に分けて、**図11**のような15の項目で達成度を確認しています。

これらの項目について、学生を対象として、入学時には「達成の期待度」、在学中には「前年度末までの到達状況」、そして卒業時においては「達成状況」、さらに卒業3年後の追跡調査も行い「社会での活用度合い」というかたちで5段階評価をしてもらっています。

最新の２０２１年度卒業生への調査では、ディプロマ・ポリシーの達成感が８割近い値にのぼっています。建前でいえば、ディプロマ・ポリシーは「学位授与の方針」ですから、学位を受けた学生たちの達成度は１００％でなければおかしいのですが、これはひとまず本学のデータ「弱い活用」の話と受け止めてください。

図 11：茨城大学のディプロマポリシーの評価要素

DP 1

- 自然環境に対する幅広い知識（自然環境）
- 国際社会に対する幅広い知識（国際社会）
- 人間と多様な文化に対する幅広い知識（人間文化）
- 世界を俯瞰的にとらえるための視点、視野および素養（俯瞰的理解）

DP 2

- 専門職業人としての知識・技能（専門知識技能）
- 専門分野における十分な見識（専門分野見識）

DP 3a

- 課題解決のための思考力（課題解決思考）
- 課題解決のための判断力（課題解決判断）
- 課題解決のための表現力（課題解決表現）

DP 3b

- グローバル化が進む地域や職域において、多様な人々との協働を可能にするコミュニケーション力（コミュニケーション）

DP 3c

- グローバル化が進む地域や職域において、多様な人々との協働を可能にする実践的英語能力（実践的英語力）

DP 4

- 社会の持続的な発展に貢献できる職業人としての意欲（意欲）
- 社会の持続的な発展に貢献できる職業人としての倫理観（倫理観）
- 社会の持続的な発展に貢献できる職業人としての主体性（主体性）

DP 5

- 茨城をはじめとする地域の活性化に自ら進んで取り組み、貢献する地域活性化志向（地域活性化志向）

15の評価要素を項目ごとに見ると、達成状況に凸凹があります。特に低いのが、「実践的英語力」で、この達成度について「達成」「概ね達成」と回答した卒業生の割合は最新の2021年度のデータで4割程度となっています。ただし、年度をさかのぼって見てみると、「実践的英語力」を達成したという卒業生の割合は、2016年度には25%でしたから、これでも少しずつ伸びているのです。

茨城大学ではこうしたデータを公開しています（「茨城大学コミットメントがみえる。」https://www.ibaraki.ac.jp/commit/mieru/）。また、学外の委員とともに大学経営についての重要事項を協議する経営協議会のような場でも、資料として示しています。

茨城大学としては、「卒業生は学位を授与されたのだから、ディプロマ・ポリシー達成度の学生の自己評価も100%でなければならない」とは考えません。学位の授与方針と実態の差分をどうとらえるか、どのような改善に取り組むべきかを考えるためにこの調査結果を活用します。

ですから、「学位授与の方針」という建前からすれば矛盾のある調査なのですが、データの「弱い活用」により、点検・改善の議論はきわめて実質的なものになっていきます。

また、茨城大学では、これら学生の主観的評価の他に、学生たちの就職先となっている企業・自治体にも調査票を送り、ディプロマ・ポリシーの項目を卒業生たちが身に付けて

図12：茨城大学が公開しているデータの例

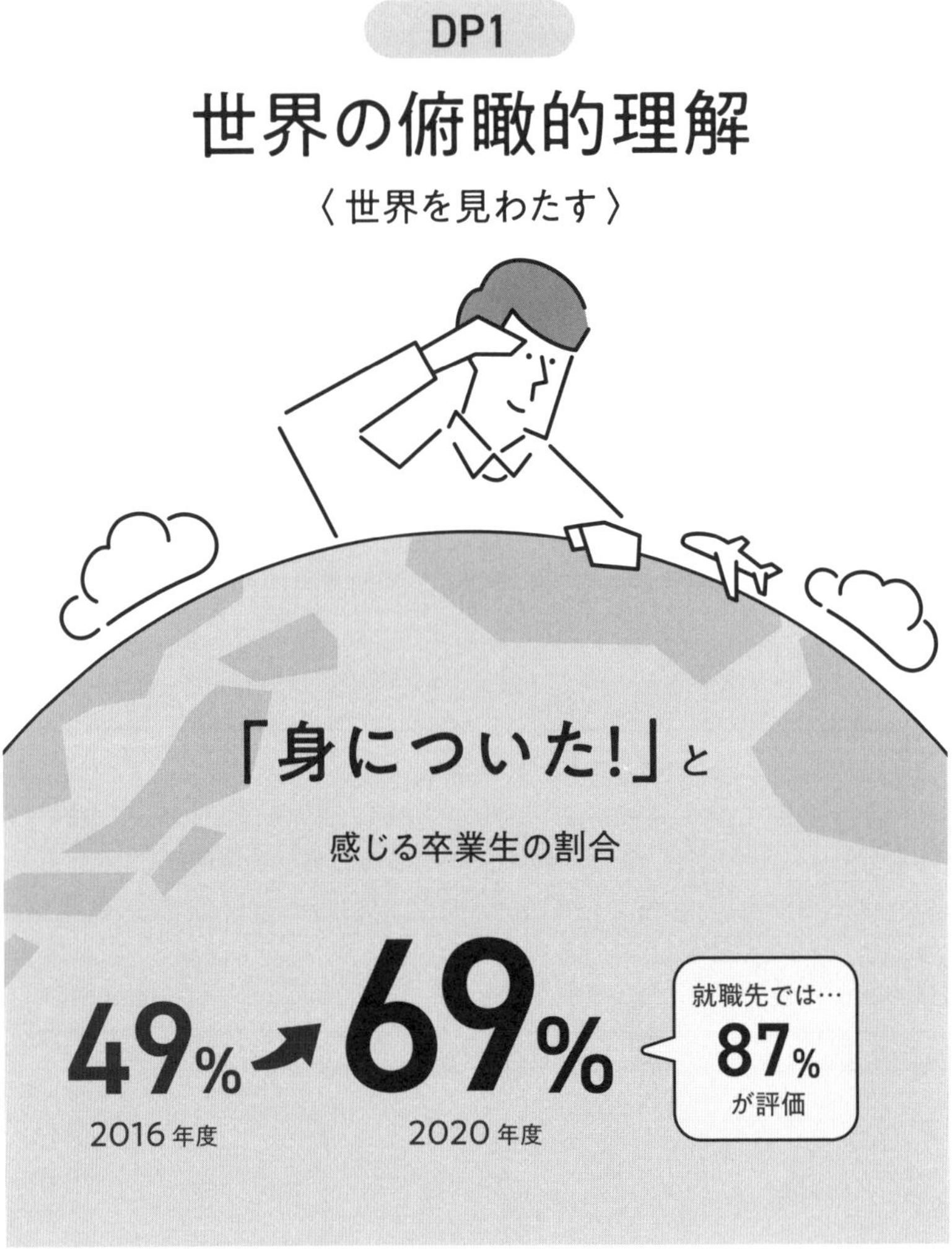

＊「茨城大学コミットメントがみえる。」をもとに編集部が作成

いるかどうかを評価していただいています。

この結果を学生調査と比べると、総じて学生の主観評価よりも、企業等による評価のほうが高くなっています（**図12**）。ここから、学生の自己評価がいくらか控えめなのかもしれないという見方も出てきます。

第3節で述べたように、茨城大学が学生の主観的な評価を重視しているのは、コンピテンシーのような形で示される能力は客観的に測定できるものではなく、学生自身が「身に付いている」と自覚し、それを積極的に利用しようという意思を持つことの方が大事と考えるからです。この卒業後の調査結果のように、自分たちが感じているよりも就職先は高い評価をしてくれているという事実が可視化されることは、在学生や卒業生の自信につながるのではないでしょうか。

大学で学んだことは仕事で活かされる

卒業3年後の追跡調査では、ディプロマ・ポリシーの要素について、「仕事で活用できているか」も聞いています。この、卒業3年後の「活用度」と、卒業時の「達成度」を比較してみましょう。

両者を比較すると、達成度と活用度はほぼ同程度に重なっていることが分かります（**図13**）。これは当然のことのように思われるかもしれませんが、二つの点に注意する必要があります。

一つは、回答者が前回調査における自身の回答内容を示されないまま回答している点です。つまり、回答時点において「自分は卒業時に『達成』と答えているから、今も『活用できている』と答えるのが順当」と忖度《そんたく》することは考えづらいのです。なお、前回調査の回答内容を知らせずに調査するのは、在学生の場合も同様です。

二つ目は、卒業時は「達成したか」を聞いており、卒業3年後は「活用できているか」を聞いているという質問内容の違いです。

卒業時に「達成した」と感じていたとしても、就職後の実際の仕事において、それらが「活用できている」という実感を持てるとは限りません。卒業時に「達成」5割だったのが、3年後に「活用できている」が3割に減少することも充分にあり得ます。

ところが**図13**では、そうはなっていません。ほぼ同じ割合で推移しています。実はこれ、大きな発見といえないでしょうか。

一昔前まで、大学ではスポーツなどで汗を流し、仕事に必要なことは就職してからOJT（On the Job Training）で身に付けるという風潮がありました。「大学で学んだことなど、

図 13：卒業時の学修成果と3年後の活用度合い

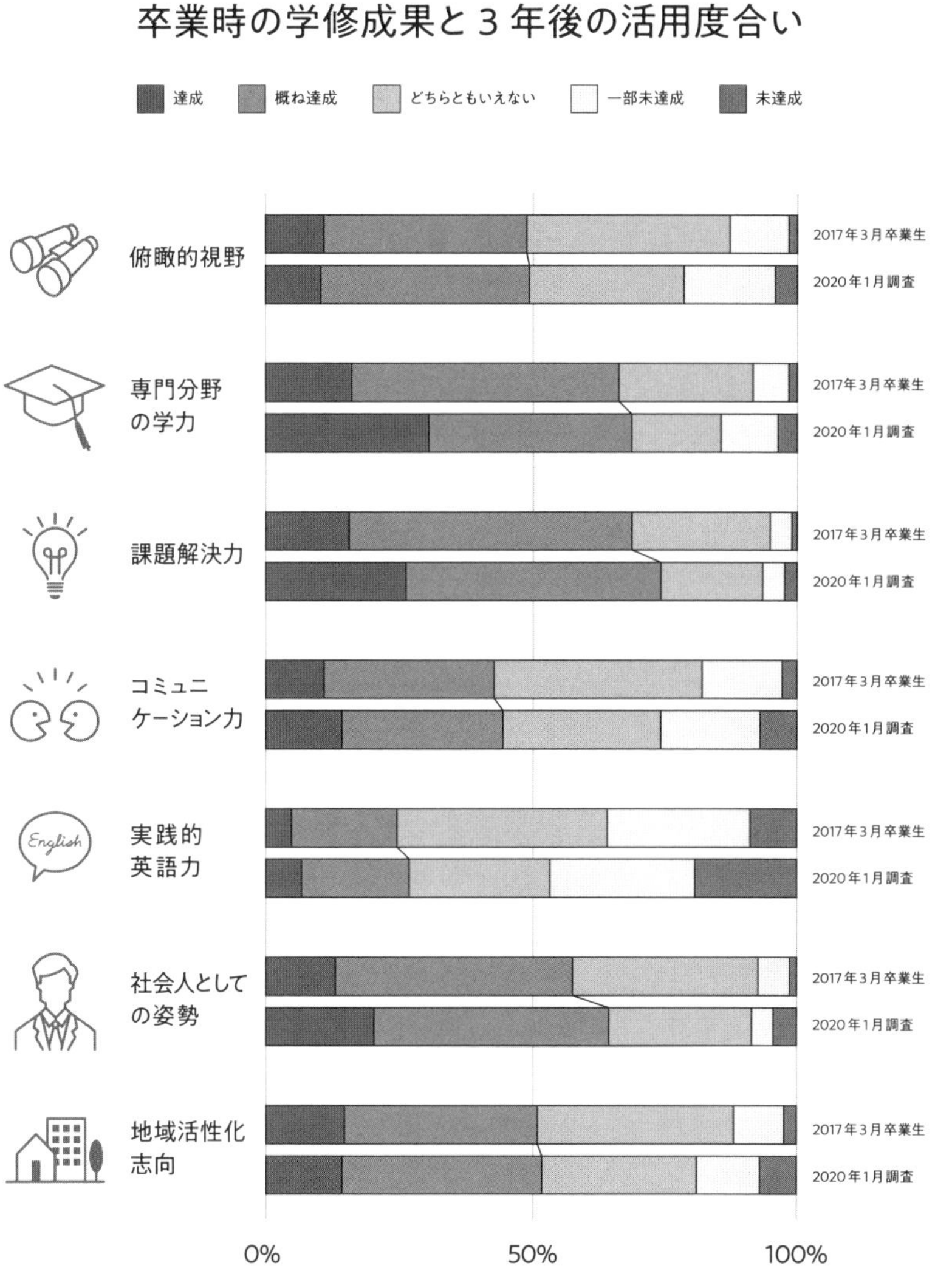

実社会では役に立たない」と新入社員にまことしやかに語る先輩諸氏もたくさんいました。それを思えばここで示された結果は、いやいや大学で身に付いたことは仕事でもきちんと活用できる、やっぱり大学できちんと学修すべきだという主張を裏付けてくれるものと思います。

学修成果の高まりをどうとらえるか

ディプロマ・ポリシー達成度の数値が年々上昇しているというのは、もちろんそれを願ってはいたものの、ここまではっきりとした結果が出るとは、当初から予想していたわけではありません。

実際のところ、やっているのはディプロマ・ポリシーの達成度を毎年愚直に測り、可視化し、あるいは学部などの現場からのニーズに応じてデータを取得したり、提供したりという、その積み重ねです。目標達成のノルマもありません。

ですから、この結果について、驚きを持って受けとめているというのが正直なところです。あるいは、いつかは上げ止まるだろうという、シビアな想定すらしています。果たして何がどう効用して、このような結果につながったのか。

それには今後、多角的な分析が必要になります。しかし、各種の点検・調査データを眠らせず活用したこと、そしてそれらを可視化して共有したことが功を奏したことは間違いありません。そのことが、現場の教職員や学生たちに、それぞれの立場や状況に応じた教育あるいは教育環境の改善、学修に取り組む意欲を喚起したと思われるのです。

実際、教職員においては、AP事業の5年間で、4階層の質保証のシステムがルーティン化し、それぞれの学部等で活発にFDが開催されるようになりました。同じ学科やコース内の教員同士でシラバスをチェックし合い、授業後には成績分布やアンケート結果を一緒に見ながら議論をする雰囲気ができました。

毎年こつこつ測りつづけて取得しているデータというコンテンツと、教務のルーティンと連結した点検の仕組みを通じて、教育について日常的に話し合う教職員集団が少しずつ形成されてきているのです。組織や制度の改革が学修成果の向上につながったというより、こうした教職員の日常のゆるやかな変化が、教育・学修にポジティブな作用を与えていると考えてよいでしょう。

また茨城大学では、ディプロマ・ポリシーで定めた茨城大学型基盤学力を身に付けるのだ、という学生自身の認識の高まりもあると思います。在学中にディプロマ・ポリシーの達成度についてしつこく聞かれ続ければ、いやでもディプロマ・ポリシーは意識するでしょう。

そういう意味では、主観的評価を重視する毎年のアンケート調査そのものが、ある種の教育効果を有していると考えることができます。これは学生たちへのインタビュー調査などで、今後もっと深掘りしていきたいところです。

実は「傍流」の茨大型質保証

こうした実際の学修成果の高まりなどもあり、AP事業で茨城大学が最高位の「S」評価を獲得したのですが、事業のスタート地点に立ち戻ってみると、茨城大学の計画は本流ではなく、実は「傍流」ともいえるものでした。

茨城大学が採択されたのは、AP事業の「テーマV:卒業時における質保証の取組の強化」でした。2016年度の事業スタート時、「卒業時における質保証」という言葉で文部科学省が想定していた取り組みは、おそらく茨城大学のような、ディプロマ・ポリシーに基づく主観的評価と4階層での教育改善というようなものではなかったはずです。

では、「本流」とされていたものは何か。そのキーワードとなるのが、「ディプロマ・サプリメント」という言葉です。

ディプロマ・サプリメントとは、もともとはヨーロッパの高等教育改革で導入が進められていた、学生たちの学修履歴の証明書です。

日本で通常発行されている成績証明書は、学生たちの履修科目の成績を示すものです。一方、ディプロマ・サプリメントは、学生が所属する教育機関の水準や履修したプログラムのレベルを列挙し、説明するものです。もとは高等教育を修了して得た学位などの資格の認定を支援する補助ツールとして設計されました。ところが、ボローニャ・プロセス（第1節）から生まれたこのディプロマ・サプリメントは、「サプリメント」という名前も影響して、新たな能力説明書のような形で日本の大学に導入されてしまっています。さらに、ディプロマ・サプリメント、この新しいツールに目を付けて大学と連携しようとする教育産業も現れました。

それに対し、茨城大学はといえば、ディプロマ・サプリメントの開発・普及などは最初から志向していませんでした。

懸念となったのは、大学独自の目標としてディプロマ・ポリシーで定めた項目と、客観的な教育水準を認証するディプロマ・サプリメントとの間で、齟齬をきたしかねないことでした。

ディプロマ・ポリシーは、その大学における学位授与の要件ですから、それに基づいて教育を組織し、その質を保証するというのは必然的なことです。そして、先に述べたように、卒業生が身に付けたとしているこれらの要素・能力に対して、企業側も一定の評価をしており、卒業生自身もその要素・能力を活用できているのだとすれば、個別の大学としての教育改善のためには充分といえるでしょう。

そもそも茨城大学の場合、教育の「質保証」は、工業製品でいうところの出口の品質保証とは別物だという考えがありました。「ディプロマ・サプリメント」はいわば学生の「保証書」のようなものです。

茨城大学が考えたのは、大学が定めたディプロマ・ポリシーの要素を、学生たちが確実に身に付けられるよう、教育の質を維持・改善していくこと。そして、その環境づくりと維持・改善のプロセスを保証できる学内システムをどう構築するかです。「内部質保証」の仕組みがきちんと機能していることが第三者によって確認されれば、大学自体の自律性を担保しつつ教育の質保証が可能になるという考え方に立っているのです。

現学長の太田は言います。

「『質保証』、クオリティのコントロールという、商品のイメージが強い言葉を教育の場に当てはめるのは、今でも違和感があります。ただ、学生の学び具合をきちんと見ていくのは、教育に関わる者に本来必要な業務ですし、それをシステム化していくのも大事なことです」

一方、第3節で紹介したように、機関別認証評価の観点は、この20年近くの間に、まずTeaching（教育）からLearning（学修）へと変化し、さらに今は、学修の視点に立った教育の質の保証の仕組みを組織の運営に組み込めているかというManagingの視点へと移っています。これはまさに、それぞれの大学が日常的、実質的な内部質保証ができていることを前提とし、それによって大学の教育における自律性、主体性を担保する仕掛けともいえます。その意味では、茨城大学が実践したようなスタイルも、今後スタンダードなものとして広がっていくかもしれません。

本節の冒頭に挙げた「教育改革とは、日々の地道なマネジメントの中にこそ目を向けるべきものがある」という太田の言葉。茨城大学の試行錯誤の取り組みが、その「盲点」への気付きをもたらし、各大学の業務負担を減らしつつ内部質保証を実質化するような新しい教学マネジメントの仕組みの構築につながるとすれば、とても嬉しいことです。

コロナ禍において力を発揮したチーム茨大

茨城大学型「教育の質保証」の取り組みが順調な進展を見せる中、思いもかけない事態が起こりました。新型コロナウイルス感染症の拡大です。

２０１９年の年末から少しずつ脅威が押し寄せてきました。茨城大学においても、ギリギリまで迷いながら、同年度の卒業式を中止としました。

次に考えなければならなかったのは、2020年度の新学期をどうするかです。入学式とコミットメントセレモニーは？　授業形態は？　その4月は、太田が新たに学長に就任し、新執行部が立ち上がるタイミングでもありました。

教育担当の理事・副学長として進めてきた教育改革について、今度は学長という立場で新たな展開へと発展させていく、その矢先のコロナ禍となったのです。

新入生に対しては、まずはキャンパスへ通う必要があるのかどうかを早めに周知する必要があります。そこで大学は入学式を中止とし、前学期の授業の開始を約1カ月遅らせる決定をしました。県外などに在住している新入生や、帰省している在学生には、しばらくはそれぞれの場所に滞在していてほしいと伝えました。人流抑制のための重要な措置でした。

ただ、茨城大学にとってきわめて幸運だったのは、自分のPCやタブレットを使った授業参加を前提とするBYOD（Bring Your Own Device）の導入が、ちょうどこの年度にあたっていたことです。

BYODの準備は、コロナ禍とは関係なく、その5年ほど前から着々と進めていました。大学のキャンパス・施設内にはWi-Fiを整備し、学生たちにもそれぞれのデバイスを準備するよう働きかけてきました。

コロナ禍での新学期の開始にあたり、学生全員を対象にデバイスや自宅のＷｉ-Ｆｉ環境の有無を調査したところ、ほとんどの学生はＰＣやタブレットを既に入手あるいは入手予定であることが分かりました。もちろん、経済的な事情などからデバイスを用意できない学生には、大学からＰＣを貸し出し、また自宅での遠隔授業が困難な学生には教室を開放するなどの対応ができるようにもしました。

また、茨城大学ではMicrosoftのOffice 365を包括契約していたため、チームコミュニケーションツールであるMicrosoft Teamsも組織として利用できる状況にありました。当時はまだＩＴ基盤センターという部署で試験的に利用し始めていたぐらいでしたが、コロナ禍を受け、オンラインでの遠隔授業や学内会議も基本的にはこのMicrosoft Teamsを活用することで一本化しようと、かなり早い段階で決定できました。

そして、同年度から「入学前セルフラーニング」の充実化も進めました。これは入学式やガイダンスに参加する前から、オンライン上の教材を利用して、ディプロマ・ポリシーや大学での学修の仕組み、科目履修の仕方などを新入生に学んでもらうシステムです。

新型コロナ過での新学期の開始は、小さなトラブルはいろいろありましたが、学生たちもよく適応してくれたので、全体としてはスムーズに遠隔授業の体制へと移ることができました。

むしろ適応という点で苦労したのは、授業を担当する教員たちのほうかもしれません。特にあまりＩＣＴ機器を使い慣れない教員にとっては、全ての授業をオンラインで行うのはとても高いハードルでした。

すでにＢＹＯＤ推進のための学内チームができていましたから、これを柱として、各教員の遠隔授業に対するサポート体制は、早々に確立できました。ＦＤを何度も重ね、教員たちも懸命に対応しました。この点において、遠隔授業のツールが一本化されていたことは、ＦＤの内容やマニュアルを一本化する点でもとても効率的でした。最も心配だったのは、授業で学生たちが一斉にアクセスした場合のデータのトラフィック量の限界ですが、これも授業資料の事前アップロードのルールを定めるなどして解消できました。

こうして遠隔授業の体制が立ち上がると、今度は細かいトラブルに関する問い合わせや、「こういうことはできないだろうか？」という相談が寄せられるようになります。そのような相談内容は、その後も継続的にＦＤを実施しながら全体で共有し、みんなで解決していきました。特にデジタルに強い教員の多い工学部では、Microsoft Teams のさまざまな機能を効果的に利用するためのマニュアルがつくられるようになり、これもＦＤを通じて他の部局にも共有されました。

現場での悩みを組織で共有し、必要な調査やコミュニケーションを行って改善し、また全体で共有する。それまで築き上げてきた4階層での教育の点検・改善の仕組みが、新型コロナ禍による遠隔授業導入という、予想すらしなかった局面において迅速に機能したのです。「日々の地道なマネジメント」によって培われた大学運営の基礎体力が、コロナ禍のようなイレギュラーな緊急事態において、見事に発揮されたのです。

授業の理解度・満足度の把握

同じことは、学生の学修状況の把握でもいえます。

遠隔授業の技術的な面の課題は解消されました。しかし、問題は、遠隔授業においても、教育の質が対面授業と同レベルで保証されるのかということでした。これについては、従来の授業アンケートの仕組みが役立ちました。授業の「理解度」や「満足度」を学生たちに尋ね、その結果を可視化していましたから、今回も同じように調査をすれば、100%対面授業だった前年度と比較ができるわけです。

その結果、懸念とは裏腹に、全体の傾向としては、100%対面の前年度と比べて「理解度」も「満足度」も下がっていませんでした。むしろ、少し上がっていました（**図14**）。

図 14：対面授業と遠隔授業の比較（2019 年度／2020 年度）

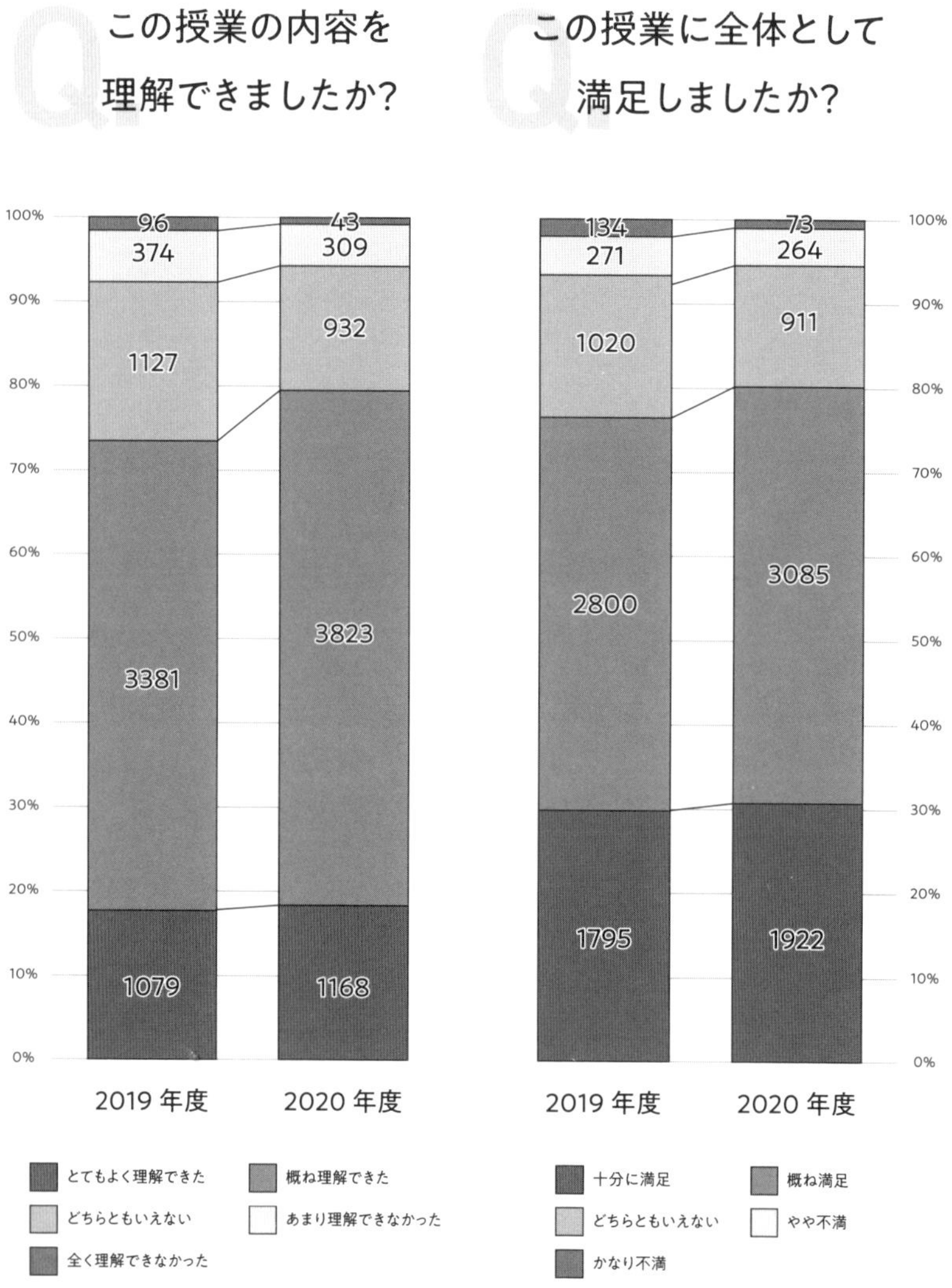

もっとも、この結果を額面どおりに受け止めてはいけないでしょう。対面の授業においては、教室で他の受講者の「空気」を感じることで、自分の理解度が他の受講者と比べてどの程度か、その授業にどれほど力を注ぐかといったニュアンスをつかむことができます。

一方のオンラインではそれが難しいので、対面のときよりも予習・復習・課題に力を入れた可能性があります。実際、この調査では、授業外の学修時間も以前より増えていることが確認されました。

授業の履修や知識の習得において、理解度・満足度の向上や授業外の学修時間の増加は、一見喜ばしいことのように思えます。けれども逆に、学生には心理的・身体的に過度なストレスがかかってしまっているかもしれません。また、自宅に閉じこもった孤独な状況では、「理解している」「満足している」という自己評価の水準も大きく変容している可能性もあります。

とはいえこの結果は、遠隔授業においても一定の理解度・満足度を担保できそうだということは示しています。あるいは、対面でのコミュニケーションが苦手で、欠席しがちだった学生が、オンラインでは安心して受講できるというような報告もありました。

さらに、オンライン授業によって他のキャンパスへの物理的な移動が不要になれば、教員は移動時間を節約し、その分の時間を研究や授業の準備にあてられます。例えば、資料や動画などを用いた事前学習をオンラインで行い、対面ではそれをもとにより深い議論を行うなど、オンラインを活用した新しい授業スタイルの可能性も見えてきました。

一方、２０２０年の夏ごろになると、大学に通えず、満足に授業も受けられない学生たちを心配し、同情する声が世論にあふれてきました。

そのような状況下で、遠隔授業における学生たちの理解度・満足度をいち早くつかむことができた茨城大学は、この結果を社会に共有することが重要と考えました。そこで同年８月、調査結果の概要をプレスリリースで速報しました。そのときはあまり報道されなかったのですが、２カ月ほどたつと状況が変わりました。

そのころ、小中学校や高等学校では対面授業が復活してきていました。しかし、多くの大学では、全面的に遠隔授業という状況が続いていました。それを文部科学大臣が問題視し、全国の大学への調査結果を踏まえ、対面授業の割合が５割未満の大学についてはその大学名を公表すると表明したのです。

これにより、茨城大学のプレスリリースがにわかに注目を集めることになりました。ある新聞で取り上げられ、そのニュースが大手Ｗｅｂサイト、Ｙａｈｏｏ！のニューストピックとして掲載されると、今度はテレビの全国放送のニュースからも取材を受けることになりました。このときニュースのインタビューに対応した教育担当の久留主泰朗理事・副学長は、文科大臣による大学名公表の方針をどう受け止めたか尋ねられ、次のように答えました。

「対面、オンライン、それぞれにメリット、デメリットがあるのだから、それらを理解したうえで、科目の目標や性質に合わせて柔軟に授業方法を選べばいい。不安を抱える学生のケアはもちろん重要だが、対面かオンラインかという二者択一の議論に凝り固まってしまってはもったいない。一つの授業の中でも、今回は対面、次回はオンライン、といったことがあっても良いと思う。重要なのは教育効果をきちんと見ることだ」

測れること、測れないこと

言うまでもなく、このコメントは、学修状況の調査、データの可視化、ＦＤをベースとする茨城大学の質保証システムを踏まえたものです。しかし、実際にはこのシステムによって学生たちの学修状況の全てを把握できるわけではありません。

学生個人の理解度、満足度は、学生自身の努力にも大いに助けられ、調査結果の上では上がっています。しかし、大学での学びは、もっといろいろな要素で成り立っているはずです。

例えば、一緒に学び合える仲間がいることは、きわめて重要な要素でしょう。授業は理解できたとしても、それについてより深く考えたり、視野を広げたり、あるいは自分のリアルな生活と結びつけて考えられるようになるには、議論や対話ができる他者の存在が大切です。とくに授業内容を議論するのでなくてもいい。何気なく会話のできる友人がいる。サークルなどの課外活動にも参加してメリハリのあるキャンパスライフが送れている――そういう生活環境が「学修」という体験を、単なる知識習得にとどまらないもっと厚みのあるものにしてくれるのです。

大学の学修におけるこうした要素は、測定や可視化が困難です。もちろん、学生の友人関係の悩みをある程度量的に把握することはできます。茨城大学の学生生活実態調査でも、入学式のなかった２０２０年度の入学生については、他の学年の学生と比べても、友人関係における悩みを抱える学生が多いことが分かっています。このような問題に対処するため、それぞれの大学において、対面活動を拡充したり、ＳＮＳなども活用して同級生とのマッチングをサポートしたりする取り組みが進められてきました。

コミュニティと学修の相関については最近、さまざまな測定法や評価法が試みられています。例えば、複数の人たちのコミュニケーションを一定期間全て記録し、そのビッグデータを分析して、協働での活動の成果などと照らし合わせ、集団学習の成果を評価するという方法もあります。

しかし、私たちが重視している学びのコミュニティの存在とは、「コミュニケーション」の効用分析という枠にはとても収まりません。もっと豊かで複雑な様相と価値を持っていると考えています。

このように、授業単位での理解度や満足度、ディプロマ・ポリシーのような目標に対する主観的な達成度、あるいは個人が抱えている人間関係や経済、家庭に関する悩みといったものは、アンケート調査などである程度把握できます。改善の検討もしやすいところがあります。

一方で、授業科目Aで学んだことと授業科目Bで学んだこととが個人の内面においてどのように作用しあっているか、その内面の充実化において仲間の存在は具体的にどう機能したのか、大学での多様な体験の何がその後の人生に影響したのかといったことはとても重要ですが、量的に把握し、一般化するのは困難です。

もちろん、それらを把握し、可視化する努力や技術の開発は、今後も世界中で試みられることでしょう。しかしながら、人の「学び」の全てを測り、可視化することは到底できないという、その限界性の自覚は、常に持っていたいものです。

第2節で紹介しましたが、茨城大学の大学憲章は、大学教育では「市民」「人間」「人材」を育成するのだと宣言しています。質の保証や可視化が可能なのは、このうちのせいぜい「人材」の部分であって、その周囲に限りなく広がる「市民」「人間」の成長という領域は「質保証」の枠外です。

可視化の枠組みを広げ、あるいは精緻化していくことは、ときに可視化できない存在に対する私たちの意識を曇らせてしまうことがあります。すでに述べたデータの「強い活用」の罠も、そこに集約されるのではないでしょうか。

教育にとって重要なのは、これからも進化するであろうさまざまな可視化の技術を「人材」の成長に活用しつつ、一方で可視化の限界も自覚して――すなわち、可視化されない「市民」「人間」の要素にも常に思いを馳せながら――真摯に日々の実践と改善に取り組むことです。ここにこそ、全てをデータとして可視化し、管理しようというデータの「強い活用」を排し、データの「弱い活用」、すなわちプロセスや個別的な主観的評価を重視するという、茨城大学の姿勢が強く反映されているといえるでしょう。

茨城大学型質保証の今後

茨城大学の教育の質保証について、これまでの取り組みを紹介してきました。

ＡＰ事業への高評価もあって、茨城大学ではこの独自の教育の質保証の仕組みへの自信を深め、他の大学や教育機関にも知見を共有することが増えてきました。最近では、茨城県内の中等教育の関係者なども興味を持ってくださっており、嶌田がアドバイザーを務めながら、質保証の視点を取り入れた教育マネジメント改革に一緒に取り組む学校も出てくるなど、新たな動きも生まれています。

近年、高等学校改革においても、それぞれの高校が何を目指すのかという「スクール・ポリシー」を明確にし、それに合わせて「グラデュエーション・ポリシー」「カリキュラム・ポリシー」「アドミッション・ポリシー」を策定するように求められています。そう、かつて大学を揺るがせた「３ポリシー」の波が、高等学校の世界にも押し寄せてきているのです。ですから今後は、「ディプロマ・ポリシー」を軸とした質保証の仕組みを構築し、運営している大学として、その知見を高等学校と共有し、地域の教育の質を高めるためにともに改革に取り組んでいく――そういう取り組みを志向したいと考えています。

２０２２年７月には、茨城県の教育長など教育行政の関係者と、公立・私立の高等学校の校長先生といった方々をお招きして、「茨城大学トップメッセージフォーラム」というイベントを開催しました。このイベントも、まさにそういう視点に立った取り組みです。この場では幼児教育から高等教育、さらには生涯学習までも見据えた連携が確認されました。現場が動きだす教育の質保証という茨城大学の強みを活かした、地域の教育への貢献。それは新しい「高大接続」のスタイルも生むかもしれません。

一方、茨城大学の現行の質保証システムが完成したと宣言するのは早計でしょう。むしろ、永遠に完成しないものだと考えています。

実際、今後に向けた具体的な課題もいくつか見えてきています。それについて述べておこうと思います。

一つ目は、教育マネジメントのための、よりよい組織体制の追究です。

茨城大学の教育の質保証、そのマネジメントシステムは、国内外の高等教育研究の成果を常に参照しているものの、一方では茨城大学固有の事情や歴史を踏まえたものでもあります。その意味では、関わっている教職員の属人的な面がかなりあり、システムとしての持続性をまだまだ欠いています。現在担当している教職員がいなくなったら回らなくなるというリスクを抱えているのです。

かといって、特定の教員の存在に頼らなくても済むように、マネジメント組織としての体系性を強め、揺るぎのないトップダウン型のマネジメントを志向することも行うべきではないでしょう。そもそも教育組織というのは、自律的な構成員同士の束縛の弱い人間関係(ルース・カップリング)を前提とした組織です。大学が考えていかなければならないのは、このルース・カップリングを担保する組織的なマネジメントとはどういうものかを、実践的に追究することです。

この点は今後も試行と研究を積み重ねていくしかありません。いつか、茨城大学がそうしたモデルとなるような拠点を形成して、全国の大学の関係者がそこに集まって切磋琢磨できるような未来が訪れるかもしれません。そんな夢を描きながら、これからも地道に教育マネジメントに取り組んでいきたいと思います。

二つ目は、「教育の質保証」のシステムを、学生自身がもっと活用できるようにすることです。

本書では大学の取り組みについて述べてきましたが、学生の生の声を紹介できていません。「質保証システムはそれなりに良いものになっているようだけれど、当の学生たちはどうなの?」と聞かれると、まだまだ戸惑ってしまうところがあります。

この視点で今すぐに取り組みたいのが、学生が自分の学修成果のデータを参照できるようなシステムの構築です。現在、可視化して教職員に提供している学修成果のデータのほとんどを、学生に関しては自身の成果として閲覧することができません。学生は毎年ディプロマ・ポリシーの到達度や達成度についてのアンケートに回答しているものの、自分自身の軌跡を見ることはできないのです。

これは、あえてそのような仕組みにしているのではなく、データやシステムの仕様上の問題です。

学生の学びの履歴の情報は本来学生自身のものですから、学生自身がその記録やデータを自らの学修に活かせるようなシステムの整備は、できる限り早く進めたいと考えています。

そのためには、どんな時期に、どんなコンテンツを提供すれば良いのか、という設計――場ときっかけとコンテンツの検討――が再び必要となります。これまで教員の教育改善のために進めてきたこの検討を、今度は学生自身の学修の改善という観点からも行うこと。学生の学修を支援するようなデータの「弱い活用」を検討、研究することは、それ自体が新たな教育的実践へとつながっていくと思われます。

三つ目は、二つ目にも関連することですが、より長期的な視点で、教育の質保証と改善、さらには大学運営そのものに学生が参加する仕組みを構築することです。

学生たちが自分自身の学修成果の履歴を参照できるようになると、自分の学修のあり方だけでなく、大学の教育のあり方自体へ意識が向いてくると考えられます。「もっとこういう大学、授業であってほしい」、さらに踏み込めば「私に対してはこうであってほしい」といった欲求が出てきそうです。

場合によっては、授業の改善だけにとどまらず、カリキュラムのあり方への意見、さらにはディプロマ・ポリシーの改訂提案が出てきても不思議ではありません。

実はこうした取り組みは、近年いくつか試行もしているところです。

２０１９年に茨城大学は創立70周年を迎えたのですが、その記念事業の一環として、「みんなの『イバダイ学』プロジェクト」というものを立ち上げました。これは、「茨城大学はどうあるべきか」というビジョンを、学生・教職員・地域住民の方々が一緒に構想し続ける場をつくろうというものです。シンポジウムなども行い、実際に「イバダイ学からの仮説」という、その時点でのビジョンを発表しました。その後、主に学部1年生を対象とする基盤科目として、「みんなの『イバダイ学』」という名前の授業を開講。学生たちには高等教育の動きを理解してもらいつつ、「理想のイバダイ」についてグループで考え、発表してもらいました。

また、２０２１年3月には「イバダイ・ビジョン２０３０」を発表しました。これは「自律的でレジリエントな地域が基盤となる持続可能な社会の実現」という目標を掲げ、そのための12のアクションを示したものです。この「イバダイ・ビジョン2030」の策定に当たっても、学長・大学執行部と学生との懇談会を実施し、そこで出された意見を反映させました。

まだまだ試行錯誤で、学生と教職員が本音をぶつけ合い、柔軟な大学運営を行うというレベルには至っていませんが、教育の質保証のシステムへの学生の参加に始まり、そこから大学の教育、運営の根幹に関わる議論や参画へと発展し、多様なステークホルダーが当事者として大学の教育を共創するという将来は描けないものでしょうか。

1960年代の大学紛争では、学生たちは自治権を求めて闘争し、大学当局と鋭く対立しました。当時とは異なり、学修状況の可視化のテクノロジーと議論による教育改善の仕組みが構築された今、大学教育をめぐる学生たちの新しい自治、あるいは共創が実現するならば、それは次の100年の大学のあり方を展望するものと言っても過言ではないと思います。

満々たる野心のための偉大なるルーティン

茨城大学としてのこれからの課題をいくつか示しました。これらの課題に限らず、大学をめぐる社会的な要請はますますふくらんできています。

日本経済の再興、それを牽引するイノベーションやアントレプレナーシップ、雇用の流動性を高めるためのリカレント教育やリスキリング。さらには気候変動対策から安全保障まで。

山積するこれらの社会課題に対し、大学は人材育成や研究、技術開発を担う場である以上、その解決のための投資の受け皿となる面はあるでしょう。しかし、その期待、要請が、現実的なキャパシティを超えて過剰になってはいないでしょうか。大学改革を真に進めるには、その期待や要請の的確な整理と、大学の現況についての社会全体での適正な理解が必要でしょう。

もちろん、大学として、その運営を支えている納税者のみなさんの期待にしっかりと応えるべく、努力することは大切です。一方で、教育や研究という営みを飛躍的に変貌させる魔法はありません。大学改革といっても、それはルーティンワークの積み重ねなのです。これを「偉大なるルーティン」と呼ぶ人さえいます。

ここまで述べてきたように、茨城大学の教育マネジメント改革は、特別なものではなく、現場における日々の地道な取り組みに根差したものです。だからこそ、その独自の「教育の質保証」システムが評価されたことは、茨城大学のこれまでの「偉大なるルーティン」

の歩みが間違っていなかったということ、つまり、日々の仕事に誇りをもって良いのだという、大きな励みとなりました。

地に足の着いたこの誇りこそ、教育という営みの基盤となるのではないでしょうか。すなわち、ルーティンの教育活動がちゃんと機能している（まずいところがあれば改善される）という共通認識があるからこそ、新しいチャレンジにも取り組むことができるのだと思います。

茨城大学の初代学長・鈴木京平は、１９４９年の第1回入学式で、学生たちにこう呼びかけました。

「大学は教養の高い豊かな人間の養成に努めるが、諸君自身も個性を大いに伸ばしてもらいたい。……諸君は自由意志で、自分自身を啓発していくことだ。強制をうけなければ義務と責任が果たせないようでは困る。……諸君こそ茨城大学の先頭である。野心満々たれ」

野心を抱くからこそ、その実現のために「偉大なるルーティン」に真摯に取り組む。

そして教育は、それに関わるみんなのもの。そう信じあえる同志たちとともに、これからも一歩ずつ歩みを進めていきます。

第2章

【実践編】

内部質保証システムはこうつくる

組織的・継続的な教育マネジメントへの提言

POINT-1

「困りごとがない」現場こそが困りごと　1

はじめにお尋ねします。

日ごろの授業で何か困っていること、気になっていることはありませんか？

大学の教員にこう質問すると、たいていの方は「う～ん」とうなって考え込んでしまいます。そして、たいていは「そうね、特には……ないかな……」といった戸惑いを含んだ答えを返してきます。おそらく、このような質問を投げかけられることもあまりないのでしょう。

けれども、教育現場の担い手、すなわち学生たちを教えている教員の多くは実のところ、何らかの「困りごと」を抱えているものです。「何となく気になっていること」も少なくありません。

その困りごとや気になることとは、例えば「自分の授業に学生たちはついてこられているのか」とか「もっと授業内容をよく理解してほしい」「授業を手直ししたい」、あるいは「困っている学生を手助けしたい」といった事柄です。

内心にそうした思いを抱きながら、教員たちはあまり表立ってそれを口にすることはありません。

なぜなら、内心の思いをどうにかしようとしなくても、学生たちは日々、授業に出てきます。授業内容をどの程度理解しているかが分からなくても、単位を取って進級あるいは卒業していきます。困りごとや気になることがあっても、やり過ごしてしまおうと思えば、それで済ませられるのです。

茨城大学でも、教育の質保証システムがうまく回り始める以前は、そのような面が多分にあったと思います。

しかし、大学教育の点検・評価・改善を組織的・継続的に行おうとするとき、現場の教員らに内在するこの困りごとが表に出てこなければ、何を材料に現状の把握と改善の議論をするのかさえおぼつかなくなってしまいます。「やりすごし」は課題の先送り。つまり、現場に「困りごとがない」という状況こそが困りごとなのです。

この「やりすごし」で済ませられる状況の背景には、日本の大学がアメリカなどの大学と異なり、一度入学者を確保してしまえば、ある程度は大学経営が成り立ってしまうという事実があります（詳細は101ページ）。

また、大学では学部や研究室の独立性が強く、わりとフラットな組織であるため、上意下達型の指示系統が働きにくいということもあるのかもしれません。

しかし、なればこそ、大学教育を改革していくには現場の意識を変えなければなりません。そこで大切になるのが、教員の発意を促すことです。

「上に言われたからやる」のではなく、「困りごとや気になることを改善したい」という内発的な動機と行動が現場の教員から起こらなければ、教育の点検・評価・改善は根づいていきません。

文部科学省が求める教学マネジメント（本書で言う教育マネジメント）、すなわち大学が教育目的を達成するために行う運営管理が、組織的・継続的なものになっていかないと悩む大学が多いのは、そこに問題があるのだと思われます。

点検・改善の仕組みは、すでにどの大学にもあるはずです。しかし、その仕組みがうまく機能していないとするならば、どのようにすれば、現場の内発的な動機に基づく、組織的で継続的な点検・改善の仕掛けを動かしていけるのでしょう。

答えはきわめてシンプルです。

分からないことは、とりあえず調べてみましょう。

すなわち、困りごとや気になることを現場の教員から聞き取り、その原因や背景を探るのです。

けれども、冒頭に述べたように「何か困りごとはないですか？」と教員たちにストレートに尋ねても、なかなか出てはきません。文書で提出するように求めても有用な回答は得にくいでしょう。そこで重要になるのが、教員調査より学生調査のほうです。

学生の自己評価は学修の位置情報

2

多くの教員が常々気にかけているのは、前述したように「自分の授業内容が、きちんと学生に伝わっているか、理解されているか」ということです。

かつて大学の授業は、教員個々のやりたいように教えればよいというようなところがありました。しかし、そこに点検・評価が求められると「学生に何を教えたか」ではなく、「学生が何を学んだか」が問われます。

つまり今は、行動の責任ではなく、その結果に責任を持つことを求められているわけです。

ならば、「何を学んだか」を直接、学生に尋ねてみることから始めてはどうでしょう。

人の健康管理では、太ったかなと思えば体重を測りますね。少し体調が悪ければ、熱を測ったり、血圧を測ったりします。身体の健康状態を身体に聞くわけです。この場合は、学びの主体である学生に、授業のいわば健康状態を聞くことになります。

学生に授業の理解度を聞くのは、授業の良し悪し、上手下手を突きつけられるようで、プレッシャーや抵抗感を覚える教員もいるかもしれません。しかし、この授業調査は教員を評価するために行うのではありません。そもそも人事評価に用いるべきではありません。

本学には、授業の点検・改善の要領を表した全学対象のマニュアル（教育の内部質保証マニュアル）があります。これは、年間にこれとこれ、ここまでのことはやってくださいという点検・改善活動の仕様書です。ですから、仕様どおりにし点検・評価活動自体を行わなければ、それは当然人事評価にかかわってきます。

けれども、学生の授業評価を個々の教員評価にからめると、教員の持つ裁量の幅を狭めることになりますし、ともすれば授業を画一的なものにしてしまうおそれもあります。好ましいとはいえないでしょう。

学生の授業評価は、あくまでも学生の学びの状況を知るためのデータ。点検・改善マニュアルは、その手順を示すもの。そして、実際の授業の改善は、個々の教員にゆだねるというのが茨城大学のやり方です。

教員が施す教育の自由度は、できるだけ担保したいという思いがそこにあります。

茨城大学の学生調査では、授業内容の理解度とともに、授業に対する学生の満足度も尋ねています。

図1は、教養教育（茨城大学では「基盤科目」）で実施されているアンケート調査の質問項目です。全ての科目に共通するもので、それぞれ5段階で評価してもらっています。

一方、各学部における専門科目の調査票では、理解度と満足度を尋ねる他に、各学部独自の質問項目を適宜に加えてもかまわないことにしています。回答は、学生個々の自己評価ですから、データの客観性に欠けることは否めません。けれども、学生にとって、学修すべき内容について何ができており、何ができていないかを自身でチェックするのは、大切なことだと思います。

また、ディプロマ・ポリシー（DP）で掲げた「茨城大学型基盤学力」の達成度も学生

図１：教養教育で実施されているアンケート調査の質問項目

Q1. 教員の話し方や声の大きさは、あなたに十分聴き取れるものでしたか?

Q2. 教員は事項の難易にかかわらず、あなたに分かるように教えてくれましたか?

Q3. 教員は受講者の反応を確かめながら授業をしていましたか?

Q4. この授業を受けていて、勉強は楽しいと感じましたか?

Q5. この授業で教員の熱意を感じましたか?

Q6. この授業は、全体として興味をひくものでしたか?

に1年ごとに尋ねています。

学位取得の方針であるＤＰは、学生の学修目標ともいえるものですから、年次のＤＰ達成度は、学生が自身の学びをふり返り、これから何を身に付けるべきかを考える材料にもなります。いわば学修の羅針盤です。

一方、授業の理解度の自己評価は、自分の位置情報を自分で確かめるような学修マップともいえるものなのです。

さらに、教員は、満足度の調査により、学生たちが実際に受けた授業についてどのように感じたかを知ることになります。

学業成績のデータからは、この「感触」がなかなかつかめません。そのような意味から、茨城大学では学生の自己評価による主観的データを、授業の点検・改善における有用な材料とみなしています。

茨城大学では、学生調査を**図２・３**に示したように、入学時、在学時、卒業時に加え、卒業後にも行っています。１年ごとのＤＰ達成度に加え、卒業時には４年間のＤＰ達成度も調べます。

それからの定期的な調査以外にも、必要があれば随時行いますし、聞き取り調査をすることもあります。

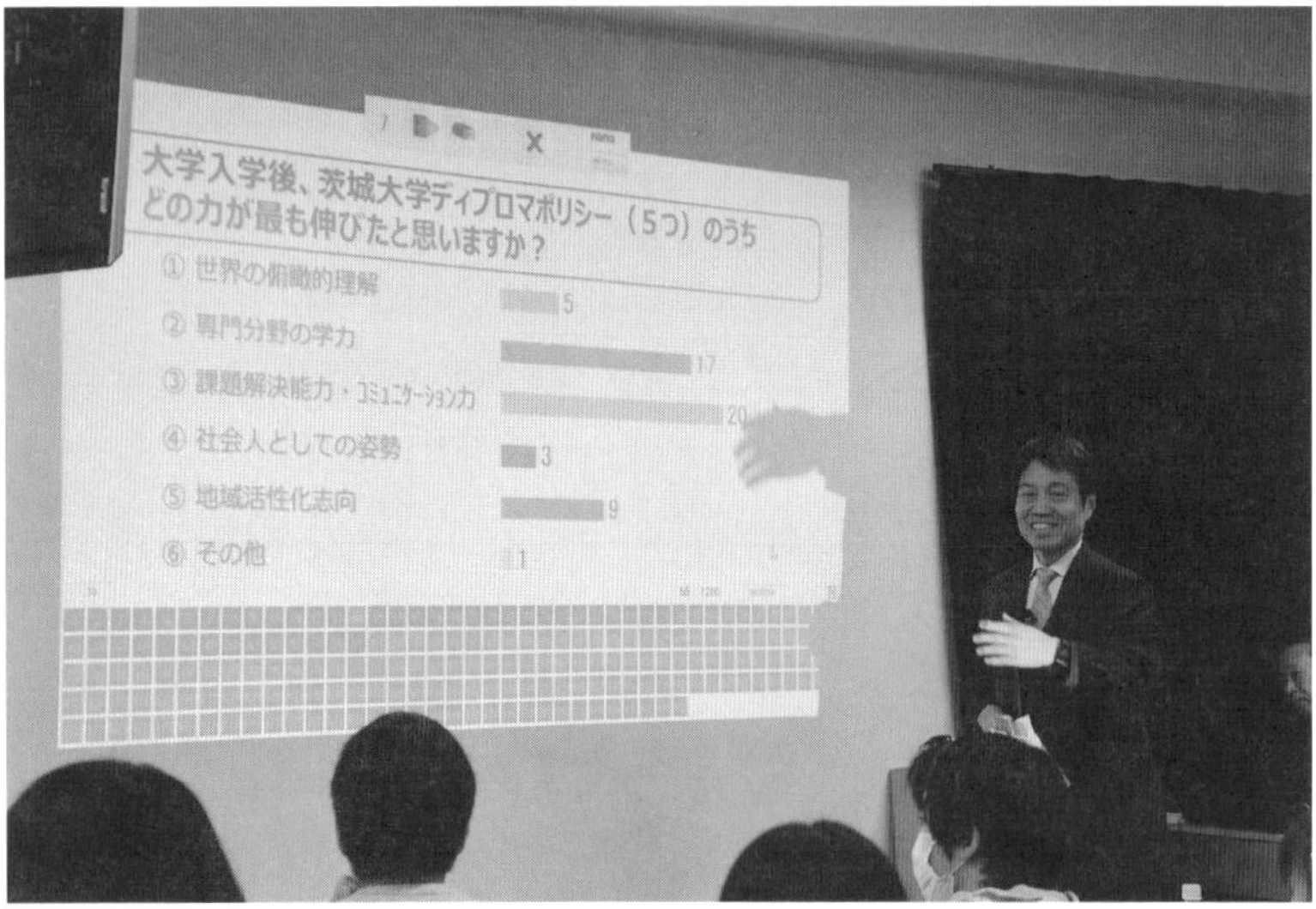

図２：教育改善の情報収集

茨城大学では入り口から出口までの学生調査が（ほぼ）体系的に整備されています

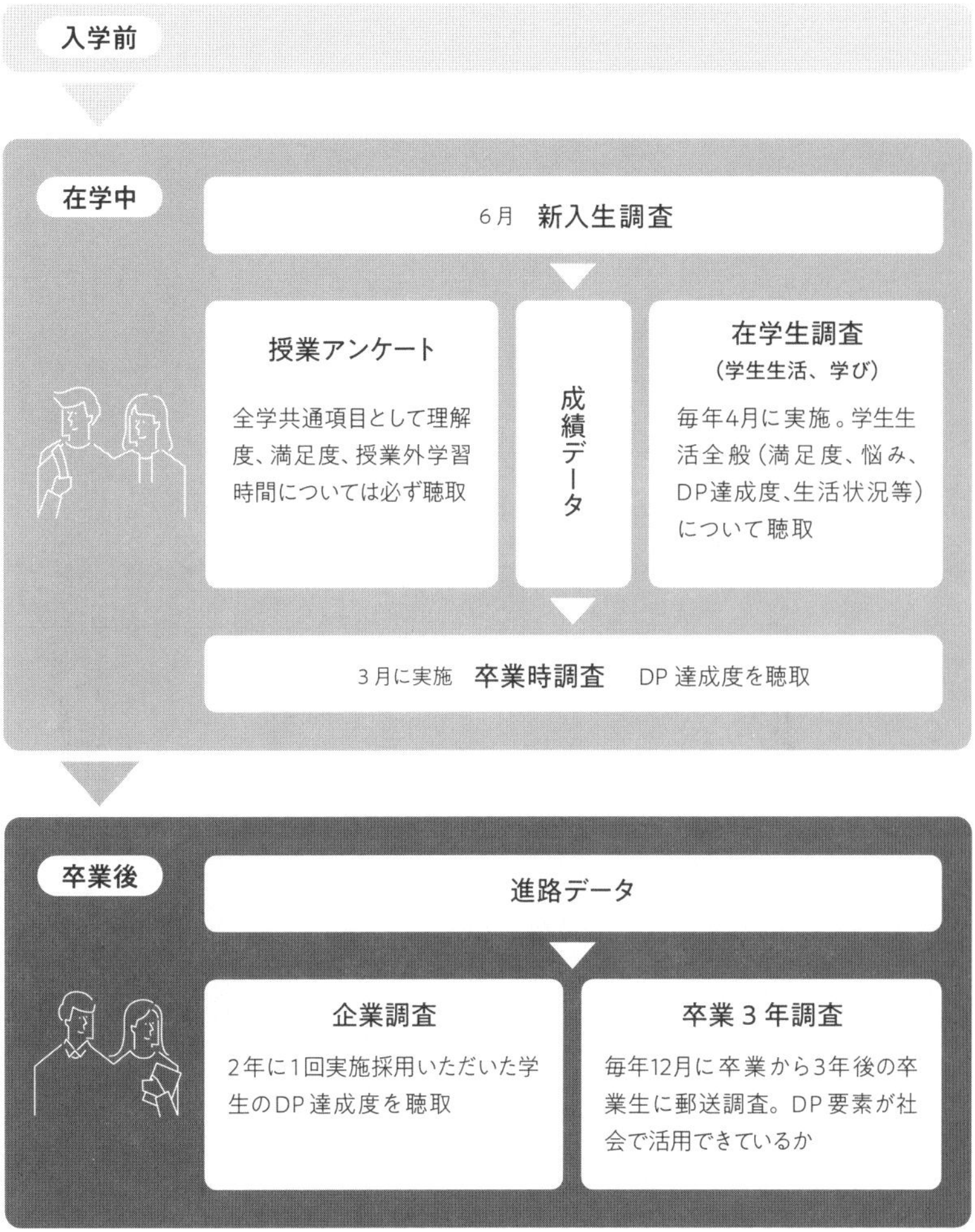
入学前
在学中
6月　新入生調査
授業アンケート
全学共通項目として理解度、満足度、授業外学習時間については必ず聴取
成績データ
在学生調査
（学生生活、学び）
毎年4月に実施。学生生活全般（満足度、悩み、DP達成度、生活状況等）について聴取
3月に実施　卒業時調査　DP達成度を聴取
卒業後
進路データ
企業調査
2年に1回実施採用いただいた学生のDP達成度を聴取
卒業３年調査
毎年12月に卒業から3年後の卒業生に郵送調査。DP要素が社会で活用できているか

図3：ディプロマ・ポリシー（DP）の要素・能力を指標とした学びの追跡

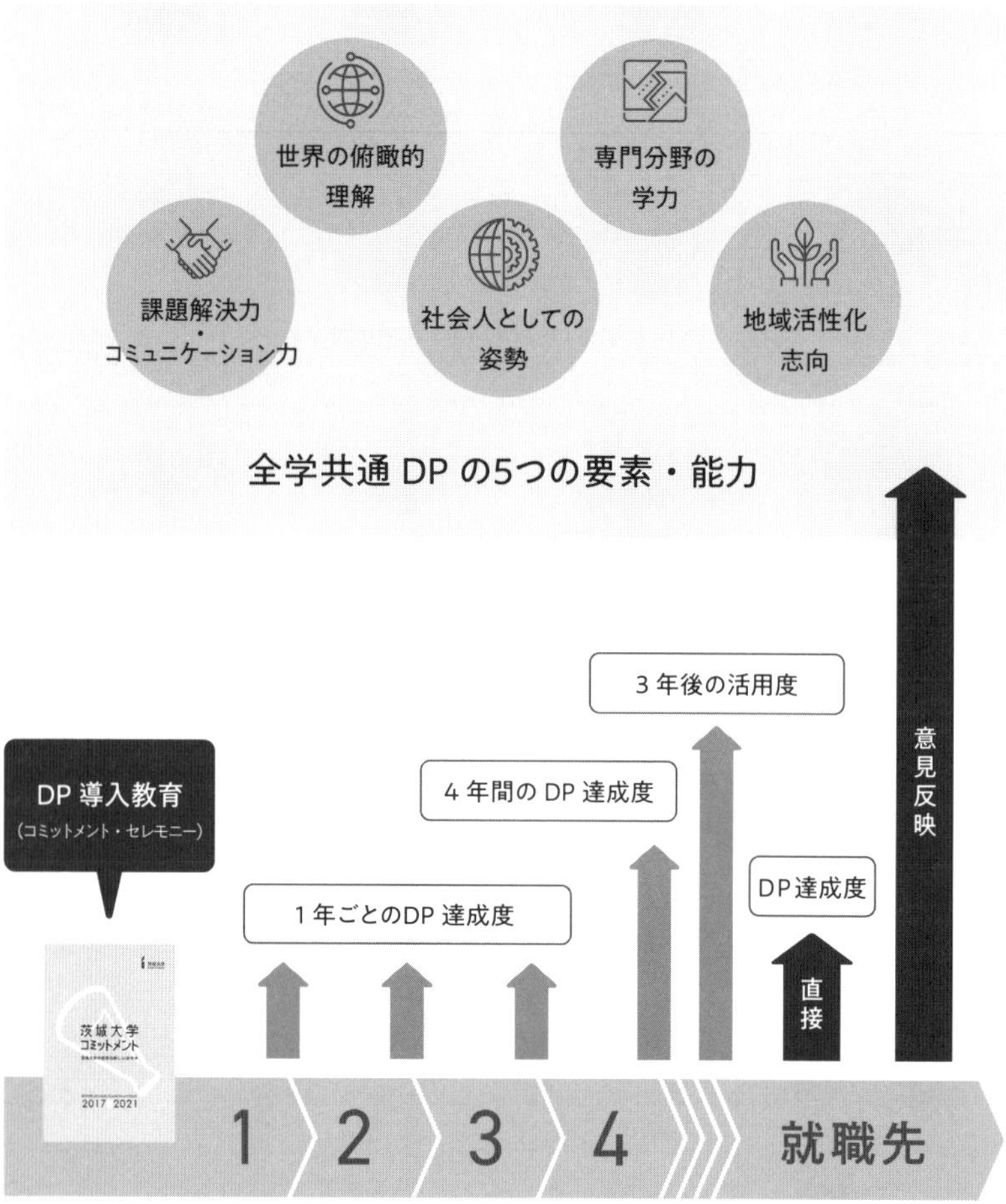

入学時から卒業後まで、DP達成度（学修成果）を追跡し**全学で共有**

POINT-3

ボトムアップが全体最適への流れをつくる　3

　ここまでは、現場レベルでの点検・改善の話です。自身の授業の見直しや改善に、すでに取り組んでいる教員も多いでしょう。

　もちろん、それで個々の授業は良くなっていきます。しかし、それは部分最適化の取り組みでしかありません。その個々の改善を全学に広げ、全体最適といえる状態につなげなければ、組織的な活動になりません。現場での改善意欲がチームプレーにならなければ、部分最適から全体最適へという流れができてこないのです。

　その組織的な展開へのブレイクスルーには二つのポイントがあります。

　一つは、ボトムアップの仕組みと仕掛け。もう一つは課題の共有とデータの活用です。

　ボトムアップの考え方が大切な理由は、点検・改善の業務を現場の自主・自律的な取り組みとして意識づけることが重要だからです。課題の共有とデータ活用は、それをチームプレーに育てていくための方策です。

　茨城大学では、第1章で述べたように、TQM（Total Quality Management）を参考にボトムアップの仕組み・仕掛けづくりをしました。

　TQMは、製造業における品質管理の手法であるTQC（Total Quality Control）を発展させたものです。

　もともとTQCは、各部門が行う品質管理

の取り組みを統合し、全社で展開する考え方です。1960年代に米国から日本に入ってきました。その後、日本ではその取り組みが、いわゆる日本版TQCへと変容し、大きな効果を発揮します。

その要点は、現場スタッフの自発的な課題抽出とチームワークによる課題解決、そしてその継続にあります。これが1990年代に欧米で再注目され、全社的なマネジメントシステムを構築するTQMへと進化します。

言うまでもありませんが、大学の教員は研究者ですから、課題を抽出してその解決を図るスキルに長けています。ですから、授業の点検・改善は教員個々に任せます。

ただし、そこで解決できない課題は上へ持ち上げていくようにします。すると、教員個人から、関連する教科の教員同士、学科、学部、全学へというふうに、大学組織の階層に合わせた部分最適から全体最適への流れを描くことができます（**図4**）。

まずこの点検・改善、すなわち教育マネジメントの組織的な構図を明確にしておくことが大事です。現場で対処しきれない課題の解決を誰が引き受けるのかということです。

これが明らかになっていれば、現場の教員が自分だけでは解決できない課題に思い煩うことが少なくなるでしょう。現在、自身が直面している課題が自身で解決できるものなのか、そうでないものなのかを仕分けできるからです。また、このボトムアップの仕組みを運用していくにしたがって、各階層が担うべき役割や責任が明らかになっていきます。

ただし、この内部質保証の仕組みが学内で共有され、定着するにはかなりの時間がかかります。茨城大学でも「定着してきた」と実感するまでに5～6年近い歳月を要しました。

図４：４階層での教育の内部質保証

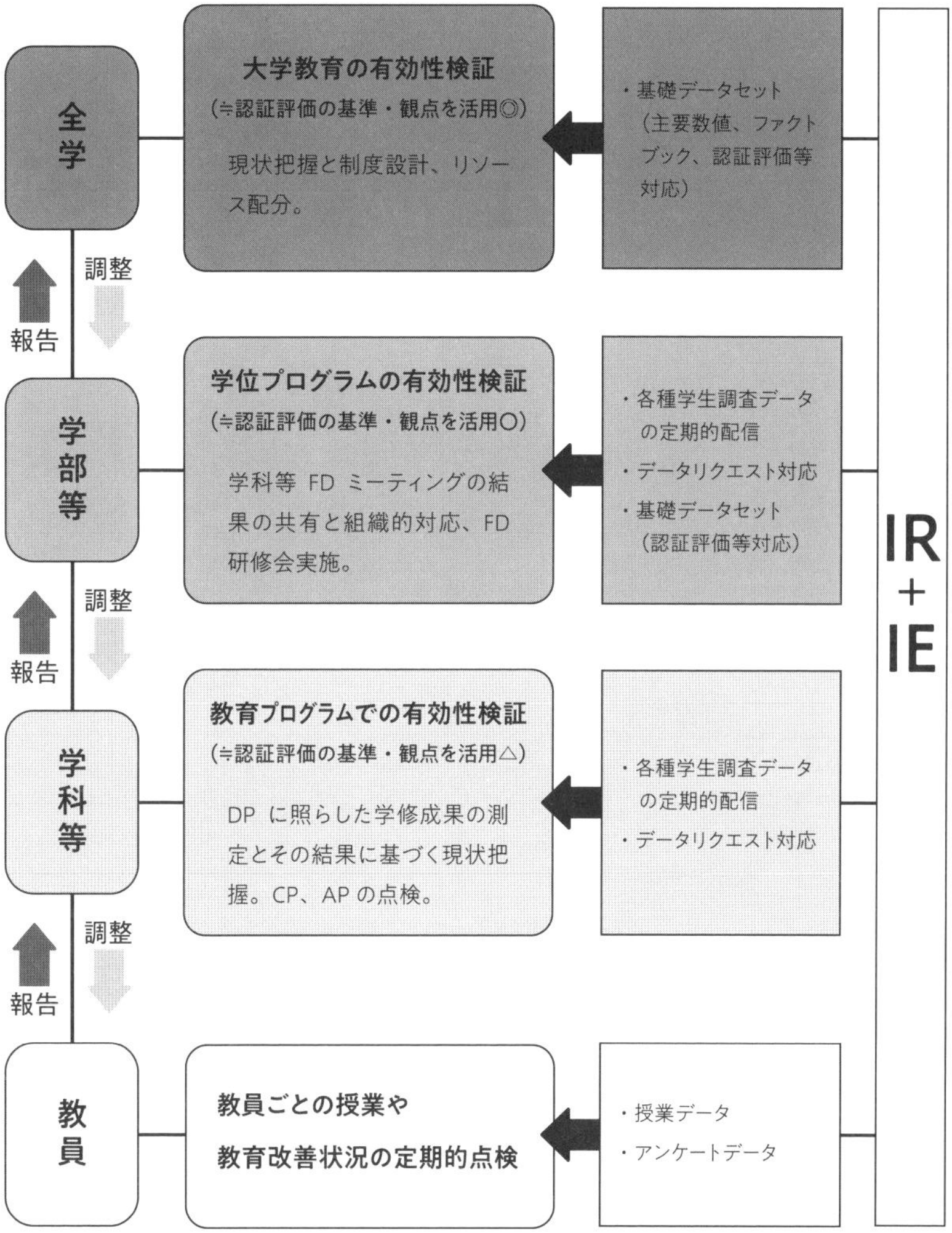

※実際はメンバー構成で対応

ボトムアップ型のマネジメントは、一筋縄ではいきません。教育の質保証システムは、それまではなじみのない概念で、製造業ではない教育の世界では、定型といえるようなものもないのです。

本学の場合も、行きつ戻りつ「ああでもない、こうでもない」と言いながら前へ進むのが、質保証システムづくりの実際でした。

その経験を踏まえて述べると、教育マネジメントの仕組みがうまく回っていない場合、その仕組みあるいはその運用の仕方が「整いすぎていないか」という視点で見直してみるのもいいと思います。

ボトムアップ型で点検・改善の全体最適化を目指すなら、次のような考え方、姿勢が大切になります。

根が几帳面で何でもそつなくこなすことを是とするのは、日本の国民性ともいえるような気質です。けれどもそのせいか、新しい取り組みをしようとすると、プランも仕組みも組織も、その運用方法までも、細部にわたってキッチリカッチリ組み立ててかかろうとしがちです。もちろんマネジメントのグランドデザインは大切ですが、あまりつくり込みすぎると、融通を利かせにくい仕組みになりますし、実情に合わせてつくり変えようとしても、手間のかかるものになってしまうことが往々にしてあります。それに、新しい取り組みは、現場に従来はなかった業務負荷をかけるわけですから、それによる負担感やストレスができるだけ軽くなるように配慮しなければ、現場のやる気が育っていきません。

「クイック&ダーティ」という言葉をご存じでしょうか。アートやデザインなど、ものづくりのプロセスに用いられていた手法ですが、今日ではITやビジネスの世界でも一般化してきています。「早く、汚く」という意味ではなく「完成度にこだわらず、早くかたちにしてみる」という考え方です。

例えば、アイデアをあらかじめしっかりとした図案や図面に描き起こしてからかたちにしていく方法に対し、とりあえず手元にある材料でアイデアを大まかなかたちでとらえ、そこから修正していくやり方が「クイック&ダーティ」です。

この手法の良いところは、つくりながらあれこれ修正を加えることができ、だめならやり直しができること。そして、つくり手の狙いやその実用性を早い段階で見える化できることです。

いくら文書でつくり込んでも、実際に運用されたときのイメージはつかみにくいもの。しかし、目の前にかたちとして見えるものがあれば、意見も助言も出やすくなります。

加えて、一緒につくる感覚も醸成されていきます。

個々の大学が独自に取り組む教育マネジメントは、やってみないと分からないところがたくさんあります。ですから、新たな仕組みについて、動かせるところから動かして目に見えるようにすること、つまり「走りながら一緒につくる」やり方が、現場の理解を促すのだと考えます。

茨城大学では、質保証の仕組みをつくるにあたって、まずは教員の授業点検から始めました（第1章3節）。

それは、教育現場の状況をデータとして見えるようにすることが、仕組みの組織的展開、すなわち現場のチームワークによる課題解決につながりやすいと見込んだからです。

POINT-4

学生の授業評価は判断理由が重要

現場から全学へ、部分最適から全体最適へという流れの中で、次に重要なのが課題の共有とデータの活用です。授業のレベルから始まる各階層において、点検・改善課題がどう共有されているか、そこでデータがどう扱われているかということです。

どの大学でも、授業点検や学生調査は行ってきているはずです。しかし、大学機関別認証評価の評価結果を分析してみると、そのデータが十分に活用されていない様子が浮かび上がってきます。

ここでは、茨城大学の学生調査の結果を例にとり、そのデータがどのように課題の共有に活用されているのかを紹介しましょう。

先述したように本学の授業調査は、授業内容の理解度と満足度を主軸としています。学生はそれを5段階で評価するのですが、併せて評価の判断理由を記述式でも回答してもらっています。

次に挙げるのは、共通教育科目「情報リテラシー」のアンケート結果の一部です。理解度の質問では「とてもよく理解できた」と「概ね理解できた」で8割強を占めるのですが、記述回答には気になるものがありました。

「エクセルやワードの活用法や実践的な知識を身に付けることができたから」といった回答がある半面、「エクセルで理解できなかった部分があったから」「エクセルが難しかった」

と回答した学生が数名いたのです。満足度の理由にも「エクセルが難しかった」という同じコメントが見られました。

これらが示すのは、学生の間でエクセルを使うスキルに差があり、それが授業の理解度にも影響していることです。もし、エクセルのスキルが低い学生が多いようなら、授業の進め方を変えるか、別途にエクセル講習の機会を設けるなどの対策をとることが考えられます。これは、授業レベルで改善できる課題です。

次は、理学部のある専門科目に関するアンケート結果です。この科目では、理解度の評価の判断理由の中に「物理学的な式が少し難しい」「物理を未履修だったので、理解できない部分があった」といった記述回答が散見されました。

これらの回答は、この授業科目を履修する学生の中に、物理を学んでいない学生がいることを示唆しています。その履修に物理の知識が必要ならば、物理の履修もセットにしなければなりません。

しかし、これはカリキュラムの改編にかかわる課題ですから、教員個々のレベルでは解決できません。ですから、この課題は学科、学部へ持ち上げていくことになります。

茨城大学ではこのように、学生アンケートの集計データを現場の教員にフィードバックして、授業点検・改善の議論をしています。

このように、具体的なデータを基にすれば、個人レベルで解決できる課題と、組織レベルで解決すべき課題とに仕分けることができます。つまり、「学生が授業をどう受けとめたか」という教員個人の関心を出発点にしつつ、カリキュラムや大学教育全体の見直し・改善へ、すなわち全体最適へとつないでいくのです。

POINT-5

データはコミュニケーション・ツール

5

先に紹介した学生アンケートは、一つには授業内容の理解度・満足度を数値化するのが目的ですが、むしろ重要なのは判断理由の記述回答、すなわち「なぜ？」の部分です。これがなければ改善の議論は空転を繰り返すことになるかもしれません。

学生の5段階評価による理解度・満足度の数値は、傾向を表すものに過ぎません。けれども、傾向に加えてその理由が見えてくれば、課題解決に向けた対策は立てられます。あるいは、さらに深掘りするための調査もできます。

近年では、データ活用というと、大規模な量的データや客観性を求めがちですが、必ずしもそこにこだわることもないのです。

逆に大学の執行部が「客観的」「科学的」なものとして可視化されたデータばかりに基づいて矢継ぎ早に施策を繰り出し、現場の教職員に対して性急な改善やその成果を強く求めた場合、現場はどうなるでしょう。これがいわゆるデータの「強い活用」ですが、点検・改善の活動は長続きするでしょうか。

教員や学部の独立性が強い大学のような組織では、むしろ現場に拒絶感が生まれ、頓挫する可能性のほうが高いように思われます。

茨城大学には、全学共通のディプロマ・ポリシー（DP）があります（第1章2節）。すでに述べたように、このDPには「茨城大学型基盤学力」として5項目の具体的な目標が掲げられており、これを学修成果の測定指標としています。

そして、そのDP到達度を学修成果として、学生に自己評価してもらっています。これも「自己評価」である以上、客観的な根拠に基づく絶対的な評価ではありません。

しかし、他に試験の成績や生活調査などのデータもありますから、それらと併用することで、目標と現況の差を読み取ることができます。

つまり、ここで言う点検・評価とは、目標と現況の差分を知ることなのです。そして、そのための分かりやすいデータを現場に提供すれば、教育者たる教員たちはその差分をどうにか埋めたいと考えます。意識が改善へと向くわけです。

この場合のデータは査定の材料ではなく、課題解決に向けた話し合いをするための材料です。

茨城大学の言うデータの「弱い活用」とは、このように、データを教員間、学科、学部のコミュニケーション・ツールとして活用することなのです。

POINT-6

ＩＲ室は「おいしいデータづくり」の台所

6

教育マネジメントの構築におけるキーワードとして「場ときっかけとコンテンツ」が挙げられます。マネジメントの構図に当てはめると「場」は授業・カリキュラムを検討する会議体やFD、「きっかけ」は年間でスケジュールが定められた授業やカリキュラムの点検、「コンテンツ」は議論したくなるような「弱い活用」につながるデータとなるでしょう。

この三つがそろえば、現状把握や改善へ向けた議論は活性化します。とはいえあとは手放しで済むというわけではありません。継続的に改善が続けられるような工夫と働きかけが大切になります。

その担い手であるＩＲ室（あるいはそれに相当する部署）の仕事の中でも重要なのは「弱い活用」に必要なデータを、教員、学科、学部、全学の各階層に適切に提供することです。

それはある意味で、各階層の教職員とＩＲ室、ひいては教職員と教育マネジメントとの関係づくりをしていく作業ともいえます。

多くの大学でデータの活用が不十分な理由として、それが教員たちにとって「見たいデータ」になっていないケースが考えられます。

例えば、教員たちに提供するデータ集が、数値を網羅した表が主で量が膨大、グラフが添えられていても複雑で読み取りにくいものになっていませんか。そのようなデータを束ねた分厚い報告書を、１年か半年に１度、ポンと渡されても、忙しい教員には見てもらえないでしょう。見たとしても、一瞥されて終わりです。「見たいデータ」「見てもらえるデータ」は料理にたとえることができます。

①相手が食べたい料理をつくる。

②旬の新鮮な素材を用い、出来上がりの見た目も大切。

③相手が食べたいときにタイムリーに出す。

④食後の感想を聞く。

例えば、今の学生の状況を知りたいのに、1年前や2年前のデータではリアリティがありません。定食もメニューに必要ですが、そのときに食べたい料理をすっと出せるかどうかが大切です。

また、一目でそれが何かが分かれば、おそるおそる口にせずに済みますし、その料理がおいしかったかどうかを知ることも、提供する側には重要な情報です。

つまり、活用してもらえるデータのポイントは、次の三つです。

①「うまい（役に立つ）」

②「やすい（見やすい）」

③「早い（タイムリーで迅速）」

何やら、ファストフード店のうたい文句のようですが、実はこれが肝心なのです。

何を食べたいかを知るために、御用聞きをすることも大切です。「今、どんなデータが欲しいですか」「こんなデータがあれば役に立ちますか」と現場の担当教員を訪ねて聞くので

図５：IR 室の業務

IR 業務フェイズ	業務内容
〔設計／課題把握〕	依頼者のリクエストや組織の課題から問いを立て設計（Research Design）を行う。
〔収集〕	データ収集（調査 :survey を含む）を実施。
〔分析／可視化〕	そのままでは利用しづらいデータについて、分析や整理を行うことで依頼者が使いやすい情報へと変換。
〔活用／報告〕	経営や改善に活用してもらう。

す。そして、「見た人が、おのずと改善のためにできることを話し合えるデータ」を提供するようにします。

学内のデータで賄いきれないときは、学外からデータを引っ張ってきて併用することもありますし、必要があれば改めて調査もします。ただし、データを恣意的に加工することはもちろんしません。その見立てや分析は提供先にゆだねます。

図5は、ＩＲ室の業務を四つのフェイズで表したものです。ＩＲ室は、全学の教育マネジメントを統括・推進する立場にありますが、司令塔にはなっていません。そのスタンスはあくまでも支援者であり、ファシリテーターです。

設置当初から、茨城大学のＩＲ推進部局（大学戦略・ＩＲ室）は「弱い活用」に適したデータづくりと、その提供に努めてきましたが、やがて御用聞きに出向かなくても、現場からデータのリクエストが来るようになりました。

例えば、「リモート授業から再び対面授業にシフトしてきているが、学生たちの反応はどうか」「入試倍率の動向が、授業内容の理解度とどう関連しているか」「成績が不振な学生のデータを学部ごとに出してほしい」など、その内容は多彩です。最近はリクエスト件数も増加しています。

教員や各階層の担当者が、ふだん気配として感じている変化や問題を実証的に確かめたいという思いから、データをリクエストしていると見られます。とりもなおさずそれは「ＩＲ室はおいしいデータを提供してくれる」という信用の表れといえます。指示する者と指示される者の一方的な関係では、このような信用はなかなか築かれないでしょう。ＩＲ室は、いわば「おいしいデータづくり」の台所。

料理が人と人をつなぐように、ＩＲ室は教職員と教育マネジメントの関係を深めるメディアとして機能しています。

POINT-7

変わる学生、変わる教員 7

授業点検から、全学におよぶ組織的な教育マネジメントへ。

当然ながら当初は、教員たちに戸惑いがありました。取り組みに積極的ともいえませんでした。文部科学省の施策に基づくことは知っていても、何をどうすればよいか分からないというのが本音だったと思います。

しかし、内部質保証の車輪が回り出したのは、先に触れたデータの「弱い活用」もありますが、運営側が初めから良好な成果を期待しなかったことも大きかったと思います。

スモールステップの進捗でもかまわないと割り切り、内部質保証に対する理解が浸透していくプロセスを重んじてきた結果だと評価しています。

第1章4節で紹介している2022年の全学FDで「IR室のゆるい対応がいい」という意味合いのコメントが学部の担当教員からありました。その発言に、現場に対して厳しい要求をするでもなく、各階層の支援に徹しているIR室の姿勢がよく表れています。

点検・改善には終わりはありません。できるところから取り組み、焦らず無理せずに続けられるように見守り、環境を整えていくのが、茨城大学のIR室の役割です。

環境整備の面では、例えばICTの活用が各階層での業務負担を大幅に減らしました。主にグループウェアの導入と、独自に作成した内部質保証支援のためのデジタルツールの運用がこれに当たります。

以前は、メール添付で配信していた調査票やデータ類も、今はファイル共有でいつでも引きだすことができます。調査データは、各学部所定のフォーマットに入力すれば、即座にIR室に送られ、集計に回されます。調査結果は全学の教職員に公開されますから、他の学部の状況や取り組みを知って、参考にすることができます。

こうした支援により、成果も徐々に現れてきます。その成果が、内部質保証に取り組む教職員の背中を押します。

図6は、2016年度入学生の各学年での学修成果（DP達成度）を追跡したものと、「大学教育再生加速プログラム（AP）」事業を開始後の、卒業時の学修成果の変化です。

学年が上がるにつれて、学修成果が向上しています。年度ごとの卒業時の学修成果も同様です。こうした学生たちの変化は、データ上に現れているだけではなく、教育現場で学生たちに接する教員が、おそらくは肌身で実感しているのだと思います。

各学部での取り組みを報告しあう場で、ある教員が次のようにコメントしています。

「FDは大上段に構えて行うものではなく、自分の周囲で何かが変わっていく実感を得られるようなもののほうが楽しいのではないでしょうか」

茨城大学のIR室、そして内部質保証システムの運用が求めてきたのは、まさにこのコメントに象徴されるような教員たちの意識の変化なのです。

図６：ディプロマ・ポリシー（DP）達成度の状況

❶ 各学年での学修成果　2016 年度入学生を追跡

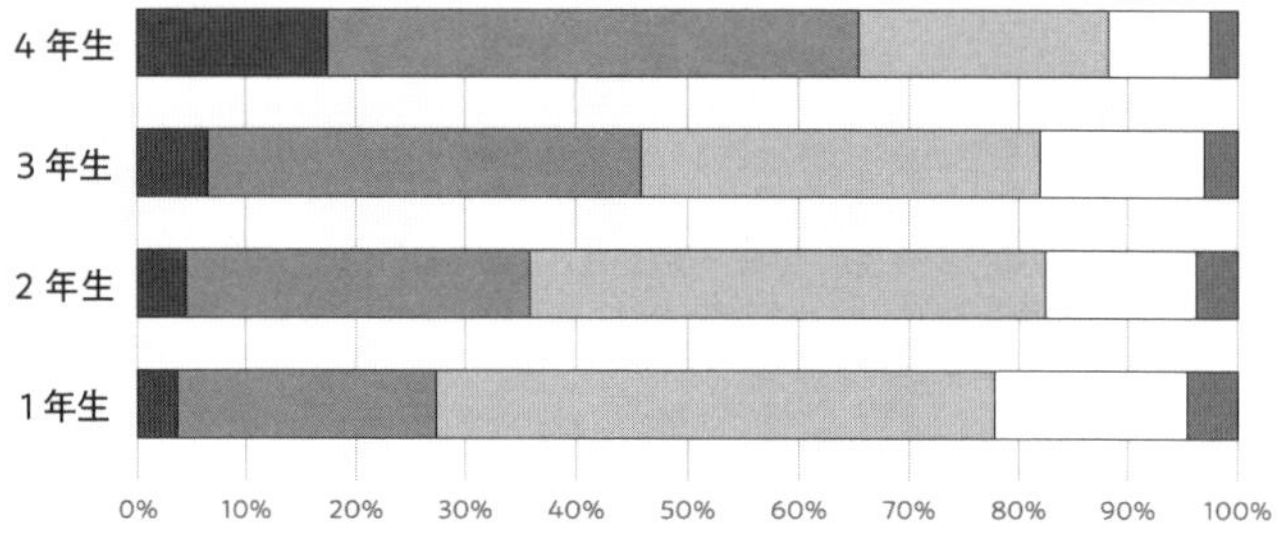

学年が上がるについて学修成果（ DP達成度 ）は向上

❷ 卒業時の学修成果　卒業時の学修成果の経年変化

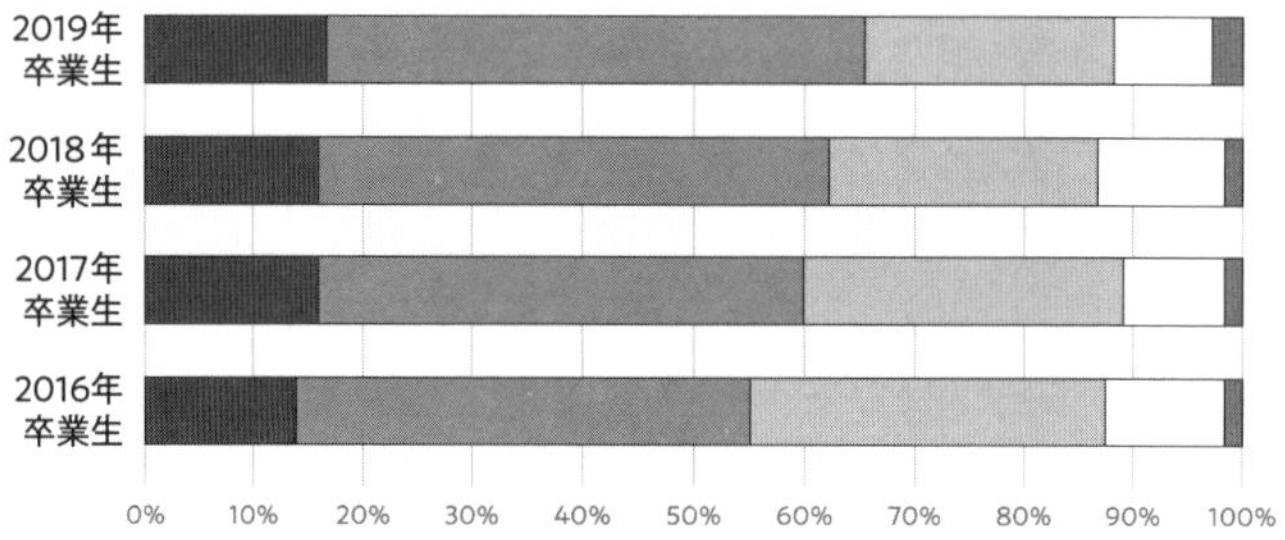

AP 事業開始以降、卒業時の学修成果も向上

達成　概ね達成　どちらともいえない　一部未達成　未達成

POINT-8

学生への学修到達点の意識づけ

8

大学に通う学生たちは、自身の学修目標をどのようにとらえているのでしょう。卒業、すなわち学位取得が目標でしょうが、ではそのために何を学ぶかは、どの程度意識されているでしょうか。

卒業認定・学位授与の方針がDPですから、本来はDPにかなう学修成果が目標であるはずです。しかし、実際にそう認識されているかどうかはおぼつかないところがあります。

もっとも、大学と教員がDPを適切に運用していれば、学生がDPの内容を把握していなくても済むには済んでしまいます。しかし、それでよいのでしょうか。

他大学では、教職員でも自大学の教育目標やDPをきちんと把握していない方が意外に多いようです。であるならば、学生にとって大学の教育目標やDPは、さらに日常から縁遠いものになっているのではないでしょうか。

しっかりした目標、目的を持って入学してくる学生もいます。しかし、入学時に抱いていた目標・目的が、4年間の大学生活の間に変容することもよくあります。あるいは、さしたる目標・目的もなく、大学生活を送る学生も少なくありません。

そのような学生にとっての学業の目標は、試験やレポートで良い成績を取ることになるのでしょうか。だとすれば、なりたい自分になるため、自身の将来像を実現するために、大学での学びを活かしてほしいと願う教職員にとってはさびしい話です。

茨城大学の現学長、太田寛行は「教育の『質保証』という言葉は、人間を製造物に見立てているようで違和感を覚える」としばしば口にします。「教育の質保証」の取り組みを否定的に見ているわけではなく、知識・技能の習得にとどまらず人間性を育てるのが大学の使命だという強い思いから発するものです。これは警鐘ともいえます。

いずれにしてもDPが、大学が育成を望む人間像、身に付けてほしい知識・技能を掲げたものであるならば、その育成方針と学生が大学に抱く期待とをすり合わせる機会を、折に触れて提供するのは大切なことではないでしょうか。

幸いにして茨城大学は、先述したように全学共通のDPを有し、そのDPには学生に身に付けてほしい知識・技能が具体的に項目立てされています。

また、在学中に何度も、これを指標として学修成果を自己評価しますから、DPは学生たちにとっても身近な存在として大学生活の中にあります。

入学時の「コミットメント・セレモニー」の開催と「コミットメントブック」の配布、「入学前セルフラーニング」の実施もDPに触れる機会です（第I章4節）。

教育目標であれ、DPであれ、それを学生に意識づけることも、内部質保証の取り組みを展開するうえで留意しなければならないことだと考えます。

POINT-9

大学のコミュニケーション力を高める外部の目 9

企業にはそれぞれ、その企業特有の論理や表現があります。

転職すると、転職先の会社で、言葉や意思が何となく通じにくいと感じられるのはよくあることです。

同じように大学にも、特有の論理や表現がありますｄ。学内では通じる話が学外では通じないことが、実はよくあるのです。

また、組織はどんなにそのパフォーマンスを維持しようと努力しても、経年劣化を起こします。そうした劣化は外部の視点でチェックしてもらわないと、組織内部の者のみでは気づきにくいところがあります。

そこで茨城大学では、2016年から各学部にアドバイザリーボード（助言者会議）を設置しています。

外部のアドバイザーは、地域企業の経営者や自治体職員、高校関係者など4〜5名。会議は学部長が議長をつとめ、学部の内部質保証の担当教員や全学教育機構総合教育企画部門専任教員らが同席します。

その役割は、本学の内部質保証が健全に機能しているかどうかをチェックすることです。

特に、卒業時の学修成果を測るものさしとなる「卒業研究ルーブリック」の点検に力点を置いて助言をいただいています。アドバイザリーボードは、いわば内部質保証の健康診断の場なのですが、同時に茨城大学の教育の考え方や取り組みを学外にプレゼンテーションする機会でもあります。

本学の考え方や取り組みが、独りよがりなものになっていないか、外部にも通じる説明がきちんとできるかをセルフチェックし、大学の対外的なコミュニケーション力を測る機会ともなっているのです。

また、アドバイザリーボードに高校の関係者もいることから、高校との新たなコラボレーションも生まれました。

現在、文部科学省が進めている教育改革では、高校にもスクール・ミッションとスクール・ポリシーを策定し、それに基づいた教育活動と改善を図ることを求めています。

しかし、公立高校などはそのノウハウを持ち合わせていませんし、十分な人員をこれに充てることも困難です。

そうした中、中高一貫校への移行を予定している茨城県立のある高等学校から相談を受けました。現在、茨城大学との協働で教育点検・改善の仕組みを構築し、その運用においても大学が支援する方向でプロジェクトが進行しています。

教育改革の一端である高大接続では、大学の授業や実習を体験するプログラムが高校で広く取り入れられています。しかし、教育マネジメントを一緒に行おうという取り組みは、公立の高大接続ではまだ他にあまり例がありません。

しかし、このようなコラボレーションこそが、本来求められる高大連携のあり方ではないかとも思います。大学にとっては地域貢献にあたる事業でもあり、今後新しい高大連携のモデルとなるようなプロジェクトとして先行きを期待しています。

POINT-10

課題は常に解決するためにある

10

教育の質保証システムを主軸とした茨城大学の教育マネジメント、そのポイントを述べてきました。

現在、本学の教育マネジメントに何ら問題はないのかといえば、そんなことはありません。先述したように、教育の点検・改善に終わりはないのです。教育現場から上がってくる課題ももちろんですが、質保証システムの運用面の課題も、次から次へと現れます。

けれども、内部質保証の車輪が回転を止めないかぎり、それらの課題は必ず解決されていくはずです。

授業点検から全学的な教育マネジメントへという、現在求められている流れの中で、その他に重要なポイントがあるとすれば、大学の執行部や経営陣がどれほど教育の質保証に理解を示しているかということが挙げられます。

関心が薄ければ、内部質保証の車輪はすぐに回転を鈍らせるでしょうし、強権的であれば現場を主体とするボトムアップ型の仕組みは浸透しにくいでしょう。

茨城大学の場合、4階層のうちの全学の階層では、大学執行部に学部長を含めた内部質保証委員会のメンバーで自己点検・評価を行い、学部・大学院の教務委員長、教育担当の副学部長を含む教育改革推進委員会において教育マネジメントを実施しています。

さらに、2022年度からは、情報戦略機構を立ち上げ、インフラからコンテンツにおよぶ学内の情報ロジスティクスの改善に着手しています。つまり、経営層が積極的かつ戦略的にIRを使いこなそうとしているのです。これも、これまでの積み重ねがあってこその展開です。

また、どの大学も7年以内に1度、大学機関別認証評価を受けることになっています。その受審に対して、どのレベルまでの点検・評価・改善を行えばよいのかというのも迷う点だと思います。

茨城大学の場合は、第1章でもたびたび登場してきた嶌田敏行が、認証機関の評価委員(（独）大学改革支援・学位授与機構 大学機関別認証評価委員会内部質保証専門部会 専門委員）を務めた経験もあり、そのレベルが把握できています。

もしも、点検・評価・改善の度合いが分からない状態だとすれば、業務が際限なくふくらんでいくおそれがあり、しかもどの業務が適切で、どの業務が不適切かの判断もつきかねます。

点検・改善をどこまでやればいいのか、その見極めができるようにするには、自大学から評価委員を送りだすという方法も有効ではないでしょうか。

大学の評価では、各大学からの推薦者から評価委員を任命する仕組みになっています。評価委員は在任中、大学評価についての守秘義務がありますが、評価業務の実務をそこで体験できます。ですから、その知見を持ち帰れば自大学の教育マネジメントに活かせる可能性もあります。

とはいえ今、教育マネジメントが思うように回っていないという感触があるならば、ま

ず現状をチェックすることから始めてみてはいかがでしょう。

その一助となるように、本編の末尾に「教育の内部質保証を進めるためのチェックリスト」（**図7**）を付けました。茨大型の教育マネジメントをもとにしたチェックリストです。現況で、内部質保証の仕組みが整っているか、機能しているかをこれで確認できると思います。

深刻化する少子化が、大学経営を直撃します。定員の入学者数を確保するのが難しくなるのは、そう遠い将来ではありません。

ゆくゆくはわが国でも、大学選びにおいて教育の質がよりシビアに問われるようになるでしょう。自大学に即した組織的で継続的な内部質保証システムを構築するうえで、本編が参考になれば幸いです。

図７：教育の内部質保証を進めるためのチェックリスト

合計点数	75-100点：教育の内部質保証システムがかなり機能していると思います。 50-74点：改善が学内で進んでいる様子とお見受けします。 25-49点：一部の先生方だけが取り組んでいても組織的改善とはいえない気がします。 0-24点：認定評価のクリアが厳しい気がします。

実施済（ルーティン化）4	実施し概ねルーティンになりつつある 3	着手済み 2	検討に着手 1	未着手または不明 0

	A：学修成果点検
	A1：卒業時の学修成果の測定は行っているか。
	A2：卒業後数年経過の卒業生からの学修成果の調査は行っているか。
	A3：就職先から卒業生の学修成果の調査は行っているか。
	A4：学習成果の把握にDPは活用しているか。
	A5：学生調査の結果をもとに、教育プログラムを構成する教員集団が、学習成果について議論するような場が設けられているか。
	B：カリキュラム点検
	B1：成績データや授業アンケートの実施結果を授業担当者に提供しているか。
	B2：成績分布や授業アンケート結果をカリキュラム構成員全員で確認し、改善のための議論を行っているか。
	B3：シラバスをカリキュラム構成員相互で点検する手順があるなど、相互確認を行っているか。
	B4：CPどおりに科目が設置されているかどうか点検を行っているか。

あてはまる 4	概ねあてはまる 3	どちらともいえない 2	あまりそうとはいえない 1	そうではない、 または不明 0

	C：シラバス点検
	C1：項目（授業名、担当教員名、授業の目的・到達目標、授業形態、各回の授業内容、成績評価方法、成績評価基準、準備学習等についての具体的な指示、教科書・参考文献、履修条件等）は埋まっているか。
	C2：授業の全ての回について内容の記述はあるか。
	C3：授業外学習について具体的に指示する記述はあるか。
	C4：DP との関連は記述されているか。
	C5：シラバスガイド（学則+大学設置基準の解説）はあるか。新任教職員に教えているか、変更があったら速やかに周知しているか。
	D：システム点検
	D1：内部質保証の旗振り役（実務担当者）はいるか（規定やマニュアルなど内部質保証の手順をどのようにに進めればよいか、相談すれば回答してくれる担当者など）。
	D2：大学執行部、学部執行部は内部質保証で行うことの意味を理解しているか。
	D3：教職員が教育改善に取り組むことを当たり前のことと捉えているか。
	D4：教員の状況について状況（うまくいっている、いっていない）を共有する場や、対応策を実質的に検討する雰囲気が学内各所にあるか。
	D5：教育の内部質保証を教務・学務系の部署で運用しているか。
	D6：必要な情報が、必要な時に、必要な部署・部局に、必要なだけ提供できる仕組みはあるか（情報のロジスティクス1）。
	D7：各種調査を含め教育改善に関する情報が学内に適切に流通しているか（情報のロジスティクス2）。
	D8：似たような調査や集計を学内各所で行っていないか。情報やデータの共有が進んでいるか。
	D9：教育改善に際し、目的やプロセスが共有されているか。
	D10：学内構成員が自大学を好き、もしくは誇りを持って勤務しているか。
	D11：教育改善が進み、学生の学びが高まっているか。

おわりに

茨城大学の教育の質保証の取り組みについて、専門家ではなく、広く一般の方に興味を持っていただけるような本を出そう。そんな話が出たのは、2021年の夏のことでした。当時、多くの大学がそれぞれの強みといえる分野を「推し」のブランドコンテンツに位置付け、活発なPR合戦を展開していました。その中で、茨城大学の「推し」は何かと考えたとき、その一つとして挙がったのが独自の「教育の質保証」システムでした。私たちが模索してきた教育のマネジメントの軌跡を見つめ直してみると、もしかしたら私たちの経験は、茨城大学だけでなく、大学以外も含むさまざまな教育機関、あるいはさまざまな企業や政府、団体のマネジメントにとってもヒントになるのではないかと思えてきたのです。

本文中で紹介したとおり、ディプロマ・ポリシーを核とし、データの「弱い活用」によって4階層の現場で質保証に取り組む仕組みは、学生の卒業時の学修達成度が年々向上するという結果につながりました。さらに、文部科学省の補助金のプログラムの評価で最高位の「S」の評価を得るにおよんで、まさに茨城大学の「強み」として誇れると確信しました。

とはいえ、「教育の質保証」の話なんて、大学関係者以外の一般の人たちに興味を持ってもらえるのだろうか、ブランドコンテンツにするにはあまりにマニアックすぎるのではないか……、そんな不安も浮かんでいました。しかし、一見地味でマニアックなこのテーマでこそ、一般の方々に「なるほど！」と思ってもらえるような分かりやすい書籍をつくる価値があるのではないか――その決意のもと、学内外のさまざまな方の力を借りながらようやく出来上がったのがこの本です。

本学の思いやスタンスは、本書の題名の中の「現場が動きだす大学の教育マネジメント」という言葉に込められています。「現場を動かす」のではなく、「現場が動きだす」のです。教育改善の第一歩を踏みだす主体は「現場」でなければなりません。学生の学修に関する各種データも、教育マネジメントの組織も、そして本来は教育目標も、全ては「現場が動きだす」ように設えるべきものでしょう。

私たちにとっての教育マネジメント、あるいは教育改革は、それぞれの多様な現場の主体的な取り組みをエンカレッジするために学内のリソースを組織的に最適化させる活動です。

しかしながら、その「ノウハウ」を紹介するだけの本では、大学で教育マネジメントの実務を担う人たち以外にニーズはないでしょう。また、大学の自慢話のような内容では誰も好んで読もうとは思わないし、「うちの大学では無理」と受け取られてしまっては意味がありません。

そこで私たちは、茨城大学でどうやってこのように教育マネジメントができたのか、その経緯をつぶさにふり返ってみることにしたのです。

現在地から見れば、第2章で書いたような形で、本学ならではのアプローチを多少なりとも体系的に述べることができます。しかし、それは決して、最初から全てを見通せていた結果ではなく、緻密に計画していたものでもありません。日々模索しながら、実際にやってみていろいろなことに気付かされていったのです。

当然、その過程ではうまくいかないこともたくさんあったし、国の動きに翻弄されるようにして無理に対応していったこともありました。だから、たとえかっこ悪いところがあるとしても、それでいいじゃないか。リアルな軌跡をドキュメントとして綴った方が、今われわれと同じように教育マネジメントで悪戦苦闘している方々に何かしら役に立つのではないか、「現場が動きだす」マネジメントを体験してもらえるのではないか。そう考えたのです。

そうして、昔の資料を引っ張り出し、茨城大学型の教育マネジメント構築に関わった方々にインタビューをしてみると、そこにたくさんの気付きや驚きが待っていました。「現場が動きだす」本学の教育マネジメントの礎には、四半世紀以上前の国立大学法人化の時代に明確に意識された、「教育は自由でなければおもしろくない」というマインドがあったのです。そして私たちはその後、次々と押し寄せる政策の波になんとか対応しつつも、このマインドは失わずにきたのです。

その歴史を実感した瞬間、編著者一同大きな感動を覚えました。そして感動を学内外の方たちと共有することへの使命感が改めて湧き上がってきました。

この本を制作している間にウクライナ戦争が起こり、戦火が続く中で、エネルギー価格や物価の上昇に飛び火し、弱い立場に置かれた人びとの生活へのダメージが深刻になっています。それまで安定していたように見えた先進国の国内政治も、それから国際協調のシステムも、グローバル社会におけるこの新たなフェーズにおいて、機能不全となるリスクを孕んでいるように見えます。

こうした社会において、世界の大学が果たすべき役割は、無論たくさんあります。複雑化する課題に対するスピーディーな解が見つからない不安、不満は、従来は「未来への投資」という意味合いが濃かった大学や教育への「期待」を、厳しい「要請」に転化させていくかもしれません。

しかしながら、結局のところ私たちにできるのは、日常の教育、研究をきちんとやること、それに尽きるのだと思います。だからこそ、教育のマネジメントは、日常として行われるのでなければ意味がないし、新たなアイデアや取り組みも、そのきちんとした日常を土台にもたらされるのだと思います。そしてその営みを担保する活動こそが、まさに「内部質保証」なのではないでしょうか。

本書が、日常の取り組みに真摯に向き合っている日本中、世界中の教育機関のみなさん、あるいはそれ以外のさまざまな現場の方を少しでも勇気づけ、それぞれの自由な活動を後押しするものになれば幸いです。

本書には、これまで本学の教育に関わってきた方が何人も登場していますが、茨城大学の教育マネジメントの仕組みの構築には、いうまでもなくさらに多くの方々が関わってきました。もとより、茨城大学の全ての学生、教職員の営みの積み重ねによって、今があるといえます。さらには学外のステークホルダーのみなさまのご理解、ご協力をなくして、高等教育は成り立ちません。まずは、それらの全てのみなさんに心より感謝申し上げます。

この本は、茨城大学学長の太田寛行、全学教育機構の嶌田敏行による編纂のもと、本学の「教育の質保証」システムのコミュニケーション施策である「茨城大学コミットメント」

のプロジェクトチームで実際の制作を進めました。
執筆については、第1章を茨城大学広報室専門職の山﨑一希、第2章をライターの高橋盛男氏が主に担当しました。また、高等教育政策に関する事実などの記述に関しては、専門家である林隆之氏（政策研究大学院大学）、小湊卓夫氏（九州大学）、浅野茂氏（山形大学）をはじめとするみなさまに原稿を確認いただき、有意義なコメントをいただきました。この場を借りて心よりお礼申し上げます。

2023年3月

茨城大学 学長 太田寛行
茨城大学 全学教育機構教授 嶌田敏行
「茨城大学コミットメント」プロジェクトチーム

太田寛行（おおた・ひろゆき）

茨城大学学長。1954 年東京生まれ。1982 年、東北大学大学院農学研究科博士後期課程修了（農学博士）。専門分野は土壌肥料学、微生物生態学で、岡山大学歯学部助教授などを経て、1997 年に茨城大学農学部助教授、2002 年に茨城大学農学部教授、2010 年に茨城大学農学部長・大学院農学研究科長、2014 年に茨城大学副学長（大学戦略・IR）を歴任し、2016 年 4 月より茨城大学理事・副学長（教育統括）を務めた。2020 年 4 月より現職。

嶌田敏行（しまだ・としゆき）

茨城大学全学教育機構教授。1973 年生まれ、栃木県出身。2003 年 4 月に金沢大学大学院自然科学研究科地球環境科学専攻博士後期課程を単位取得退学し、茨城大学総務部総務課に文部科学事務官（一般係員）として着任。専門は、水文地形学、古環境復元。2005 年 3 月からは評価室（Office of Institutional Research）の専任教員として評価業務と IR 業務に従事する。2016 年 8 月から全学教育機構総合教育企画部門に異動し、質保証（IE）を中心に、IR およびアセスメント関連業務を担当している。

「茨城大学コミットメント」プロジェクト

茨城大学の教育改革や「教育の質保証」の取り組みについて、コミュニケーションやデザインの側面から、学生・教職員・地域住民の理解と参加を促す活動を展開している教職員のチーム。

制作	株式会社レマン　https://lesmains.co.jp
編集	高橋盛男、籔下純子（レマン）
装丁・装画・本文イラスト	本多 翔（レマン）
本文デザイン・DTP	今井滋人（レマン）
図版	平田ことこ（MARLC）
校正	水上睦男（東京出版サービスセンター）、牧一彦（レマン）

書籍ページ

現場《げんば》が動《うご》きだす大学教育《だいがくきょういく》のマネジメントとは

― 茨城大学《いばらきだいがく》「教育《きょういく》の質保証《しつほしょう》」システム構築《こうちく》の物語《ものがたり》 ―

2023年5月11日　初版　第1刷発行

編　者	太田寛行、嶌田敏行
著　者	「茨城大学コミットメント」プロジェクト
発行者	片岡　巌
発行所	株式会社技術評論社 東京都新宿区市谷左内町 21-13
電　話	03-3513-6150　販売促進部 03-3267-2270　書籍編集部
印刷／製本	港北メディアサービス株式会社

ISBN978-4-297-13509-6 C3037
Printed in Japan